イタリア語検定

【改訂版】

4・5級 突破【単語集】

一ノ瀬俊和 監修
京藤好男／アルダ・ナンニーニ 共著

三修社

●音声ダウンロード・ストリーミング

1. PC・スマートフォンで本書の音声ページにアクセスします.

https://www.sanshusha.co.jp/np/onsei/isbn/9784384060706/

2. シリアルコード「06070」を入力.

3. 音声ダウンロード・ストリーミングをご利用いただけます.

まえがき

1995年9月に始まった「実用イタリア語検定」は，毎年春と秋の2回のペースで行われ，2023年10月で57回目を迎えます（2022年はコロナ禍によるオンライン開催）。日本では，イタリア語を勉強する人が気軽に実力を計ったり，勉強の指針として目標にできるような機会がほとんど見当たらないなか，この検定試験は，日頃の力試しができる貴重な場として，多くの学習者の励みとなっています。

しかし，いざ受検するとなると，その対策には難しいものがあります。この検定は「実用」に重点が置かれており，日常の表現を中心に，リスニング，文法，読解，作文など，幅広い実践力が試されます。こうした総合的な力を養うには，ある程度の学習時間と経験が必要です。もちろん，過去の問題集が発売されていますし，検定問題を的確に分析した参考書『イタリア語検定突破』シリーズ（4・5級／3級／2級　三修社）もありますので，検定試験のポイントをおさえるには十分かもしれません。ところが，実際受検をしてみると，結局，単語でつまずくことが多いようなのです。つまり，参考書などで，基本的な言い回しや文法事項は理解しているのですが，肝心の語彙力とその運用力が身についていないために，自信を持って解答できないのです。特に実用検定では，単語1つ1つの実際的なニュアンスや使い方まで知っておくことが大切です。しかし，市販の参考書ではそこまで細かく言及できず，検定で必要とされる語彙の整理が不十分なまま，受検している場合が多いのです。

本書は，過去の出題からより頻度の高い単語を選んで，語彙力とその運用力を同時にアップできるよう構成されています。約1300の見出し語（表現）にはすべて例文を載せ，使い方とニュアンスを示しています。さらに，関連語やコラム，表を使って，基礎知識としての語彙や表現約500を加えました。簡単な文法解説も掲載し，応用に役立ててもらえるよう工夫を凝らしています。さらに，IT関係や医療関係といった注目の分野の語彙も出題傾向に応じて追加しています。本書が，イタリア語検定合格の手助けとなることはもちろん，その勉強を通じて，みなさんのイタリア語の能力自体がさらに上達することを願ってやみません。

最後になりましたが，遅々とした執筆を根気強く励ましてくださり，利用者の立場に立って，適切なアドバイスと念入りな原稿チェックをしてくださった三修社の菊池暁さんに心からお礼を申し上げます。

筆者

もくじ

本書の使い方

この単語集はまず，動詞，名詞，形容詞，副詞，前置詞，接続詞と，品詞別に分けられ，そのあとで熟語表現がまとめられています。それぞれの単語は，アルファベット順になっています。動詞では，最初に「頻出動詞 78」として，過去の出題で頻度の高かったものを優先的にまとめています。例文も含めて，まずはここで基礎語彙を固めてから，先へ進むことをお勧めします。巻末の「その他」の項目では，人称代名詞，不定形容詞，不定代名詞を紹介しています。文法的にはやや難しい内容ですが，日常では頻繁に用いられるため，しばしば出題されています。ここで整理しておきましょう。

①見出し語
受検に必要とされる単語。発音も確認しましょう。

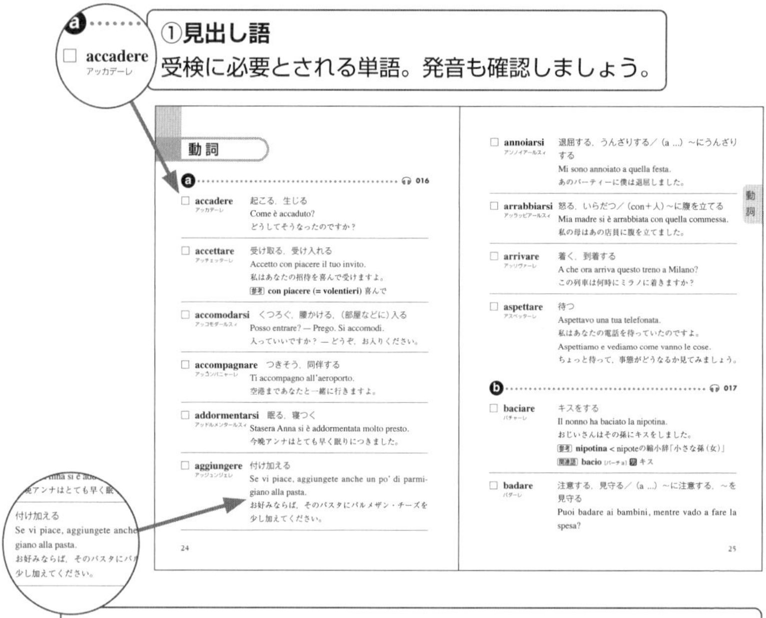

動 詞

a ・・・・・・・・・・ 016

□ accadere《アッカデーレ》 起こる，生じる
Come è accaduto?
どうしてそうなったのですか？

□ accettare《アッチェッターレ》 受け取る，受け入れる
Accetto con piacere il tuo invito.
私はあなたの招待を喜んで受けますよ。
参考 **con piacere (= volentieri)** 喜んで

□ accomodarsi《アッコモダールスィ》 くつろぐ，腰かける，（部屋などに）入る
Posso entrare? — Prego. Si accomodi.
入っていいですか？ — どうぞ，お入りください。

□ accompagnare《アッコンパニャーレ》 つきそう，同伴する
Ti accompagno all'aeroporto.
空港まであなたと一緒に行きますよ。

□ addormentarsi《アッドルメンタールスィ》 眠る，寝つく
Stasera Anna si è addormentata molto presto.
今晩アンナはとても早く眠りにつきました。

□ aggiungere《アッジュンジェレ》 付け加える
Se vi piace, aggiungete anche un po' di parmigiano alla pasta.
お好みならば，そのパスタにパルメザン・チーズを少し加えてください。

24

□ annoiarsi《アンノイアールスィ》 退屈する，うんざりする／（a ...）～にうんざりする
Mi sono annoiato a quella festa.
あのパーティーに僕は退屈しました。

□ arrabbiarsi《アッラッビアールスィ》 怒る，いらだつ／（con＋人）～に腹を立てる
Mia madre si è arrabbiata con quella commessa.
私の母はあの店員に腹を立てました。

□ arrivare《アッリヴァーレ》 着く，到着する
A che ora arriva questo treno a Milano?
この列車は何時にミラノに着きますか？

□ aspettare《アスペッターレ》 待つ
Aspettavo una tua telefonata.
私はあなたの電話を待っていたのですよ。
Aspettiamo e vediamo come vanno le cose.
ちょっと待って，事態がどうなるか見てみましょう。

b ・・・・・・・・・・ 017

□ baciare《バチャーレ》 キスをする
Il nonno ha baciato la nipotina.
おじいさんはその孫にキスをしました。
参考 **nipotina** < nipoteの縮小辞「小さな孫（女）」
関連語 **bacio** [バーチョ] 男 キス

□ badare《バダーレ》 注意する，見守る／（a ...）～に注意する，～を見守る
Puoi badare ai bambini, mentre vado a fare la spesa?

25

動詞

②意味と例文
見出し語において，特によく使われる代表的な意味をセレクトしています。例文で，その具体的な使い方とニュアンスをつかみましょう。

③関連語

見出し語に関わる便利な表現。複合語，派生語，熟語表現，慣用表現など，見出し語とともに覚えておくと有効です。

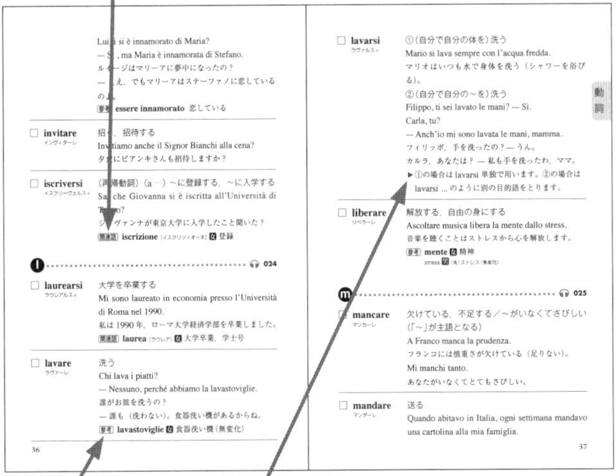

Lui i si è innamorato di Maria?
— S , ma Maria è innamorata di Stefano.
ル ージはマリーアに夢中になったの？
— え，でもマリーアはステーファノに恋しているの よ。
参考 **essere innamorato** 恋している

□ **invitare**《インヴィターレ》 招 ，招待する
Inv tiamo anche il Signor Bianchi alla cena?
夕 にビアンキさんも招待しますか？

□ **iscriversi**《イスクリーヴェルスィ》 （再 動詞）（a …）～に登録する，～に入学する
Sa che Giovanna si è iscritta all'Università di T o?
ジ ヴァンナが東京大学に入学したこと聞いた？
関連語 **iscrizione** [イスクリッツィオーネ] 女 登録

l ……… 024

□ **laurearsi**《ラウレアルスィ》 大学を卒業する
Mi sono laureato in economia presso l'Università di Roma nel 1990.
私は1990年，ローマ大学経済学部を卒業しました。
関連語 **laurea** [ラウレア] 女 大学卒業，学士号

□ **lavare**《ラヴァーレ》 洗う
Chi lava i piatti?
— Nessuno, perché abbiamo la lavastoviglie.
誰がお皿を洗うの？
— 誰も（洗わない）。食器洗い機があるからね。
参考 **lavastoviglie** 女 食器洗い機（無変化）

36

□ **lavarsi**《ラヴァルスィ》 ①（自分で自分の体を）洗う
Mario si lava sempre con l'acqua fredda.
マリオはいつも水で身体を洗う（シャワーを浴びる）。
②（自分で自分の～を）洗う
Filippo, ti sei lavato le mani? — Sì.
Carla, tu?
— Anch'io mi sono lavata le mani, mamma.
フィリッポ，手を洗ったの？— うん。
カルラ，あなたは？ — 私も手を洗ったわ，ママ。
▶①の場合は lavarsi 単独で用います。②の場合は lavarsi ... のように別の目的語をとります。

□ **liberare**《リベラーレ》 解放する，自由の身にする
Ascoltare musica libera la mente dallo stress.
音楽を聴くことはストレスから心を解放します。
参考 **mente** 女 精神
stress 男 （英）ストレス（無変化）

m ……… 025

□ **mancare**《マンカーレ》 欠けている，不足する／～がいなくてさびしい（「～」が主語となる）
A Franco manca la prudenza.
フランコには慎重さが欠けている（足りない）。
Mi manchi tanto.
あなたがいなくてとてもさびしい。

□ **mandare**《マンダーレ》 送る
Quando abitavo in Italia, ogni settimana mandavo una cartolina alla mia famiglia.

動詞

37

④参考

見出し語以外の例文の用法で，特に法則性のあるものをピックアップしています。

⑤ミニアドバイス

例文や表現の理解のために，知っておくと便利な知識を「▶」で紹介しています。

色（□ **colori** [コローリ] 複 < **colore** [コローレ] 男）に関わる形容詞 ……… 086

（語尾変化あり）		（語尾変化なし）	
□ **azzurro**《アッヅッロ》	青	□ **arancione**《アランチョーネ》	オレンジ
□ **bianco**《ビアンコ》	白	□ **beige**《ベイジェ》	ベージュ
□ **giallo**《ジャッロ》	黄	□ **blu**《ブル》	青／紺
□ **grigio**《グリッジョ》	グレー	□ **rosa**《ローザ》	ピンク
□ **marrone**《マッローネ》	茶	□ **viola**《ヴィオーラ》	紫
□ **nero**《ネーロ》	黒		
□ **rosso**《ロッソ》	赤		
□ **verde**《ヴェルデ》	緑		

数詞・基数 ……… 087

□ **zero**《ゼーロ》	0	□ **sette**《セッテ》	7	□ **quattordici**《クアットルディチ》	14
□ **uno**《ウーノ》	1	□ **otto**《オット》	8	□ **quindici**《クインディチ》	15
□ **due**《ドゥエ》	2	□ **nove**《ノーヴェ》	9	□ **sedici**《セーディチ》	16
□ **tre**《トゥレ》	3	□ **dieci**《ディエーチ》	10	□ **diciassette**《ディチャッセッテ》	17
□ **quattro**《クアットロ》	4	□ **undici**《ウンディチ》	11	□ **diciotto**《ディチョット》	18
□ **cinque**《チンクェ》	5	□ **dodici**《ドーディチ》	12	□ **diciannove**《ディチャンノーヴェ》	19
□ **sei**《セイ》	6	□ **tredici**《トゥレディチ》	13		

形容詞

207

⑥表

名詞，形容詞，前置詞で，検定での出題頻度が高く，基礎知識として必要な項目を，表にまとめています。

まずはこれだけ知っておこう！

頻出動詞 78

a　001

1 □ **abitare**《アビターレ》

住む，暮らす

Io abito da solo a Milano e i miei genitori abitano in Sardegna.

僕はミラノで一人暮らしをしていて，両親はサルデーニャ島に住んでいます。

参考 **da solo (a, i, e)** ひとりで，独力で

---

2 □ **accendere**《アッチェンデレ》

つける，スイッチを入れる

Quando sono tornato a casa, ho acceso subito la televisione.

家に帰ると，私はすぐにテレビをつけました。

---

3 □ **aiutare**《アイウターレ》

助ける，手伝う

Ti aiuto a finire il lavoro.

あなたがその仕事を終えるのを手伝いますよ。

---

4 □ **alzarsi**《アルツァールスィ》

起きる，立ち上がる

Mio padre si alza alle sette.

私の父は7時に起きます。

---

5 □ **amare**《アマーレ》

愛する，好きである

Michele ama molto i suoi figli.

ミケーレは息子たちをとてもかわいがっています。

---

6 □ **andare**《アンダーレ》

行く

Andiamo al bar!

バールへ行きましょう！

Ieri sono andato a parlare con il professore.

昨日僕は先生と話しに行きました。

---

7 □ **aprire**《アプリーレ》

開ける，開く，始業する

Giulia, puoi aprire la finestra?

ジュリア，窓を開けてくれる？

Questo bar apre alle sei di mattina.

このバールは朝の6時に開店します。

---

8 □ **ascoltare**《アスコルターレ》

聞く，聴く

Valentina, hai già ascoltato questa musica?

ヴァレンティーナ，この音楽はもう聴いたの？

---

9 □ **avere**《アヴェーレ》

持つ

Ha il passaporto? — Sì, ce l'ho.

パスポートをお持ちですか？

— はい，持っています。

Abbiamo fame da morire.

私たちは死ぬほどお腹がへっています。

b

002

10 □ **bastare**《バスターレ》

十分である，足りる

Bastano due ore per arrivare a Milano.

ミラノに着くには2時間あれば十分です。

Basta così.

これで結構です。

---

11 □ **bere**《ベーレ》

飲む

Di solito a cena bevo due bicchieri di vino.

普段夕食では私はワインをコップに2杯飲みます。

---

12 □ **bisognare**《ビゾニャーレ》

必要である／～しなくてはならない，役に立つ／（Bisogna＋不定詞）～する必要がある

Bisogna prendere il treno delle sei per arrivare in tempo.

時間通りに着くには6時の列車に乗らねばなりません。

C 003

13 □ **cadere**《カデーレ》

転ぶ，落ちる，陥る／（cadere per terra）地面に倒れる

Il bambino è caduto per terra.

その子は転んでしまいました。

---

14 □ **cambiare**《カンビアーレ》

変える／乗り換えをする

Il direttore ha cambiato idea.

部長は考えを変えました。

Per andare a Rimini devi cambiare a Bologna.

リミニへ行くにはボローニャで乗り換えなければなりません。

---

15 □ **chiamare**《キアマーレ》

呼ぶ／電話をする

Mi può chiamare un taxi, per favore?

すみませんが，私にタクシーを呼んでもらえませんか？

（再帰動詞 chiamarsi の用法）

Come si chiama il tuo cane?
— Si chiama Toto.
君の犬は何という名ですか？
— トトというんですよ。

---

16 □ **chiedere**《キエーデレ》

聞く，尋ねる
Ti posso chiedere un favore?
あなたにひとつお願いをしてもいいですか？
Sandro mi ha chiesto di aspettare.
サンドロは私に待つように頼みました。

---

17 □ **chiudere**《キウーデレ》

閉める，（営業などが）終わる
Devi chiudere tutte le finestre prima di uscire.
出かける前に，全部の窓を閉めなくてはいけませんよ。
Il negozio chiude alle otto.
その店は8時に閉まります。

---

18 □ **cominciare**《コミンチャーレ》

始まる，始める／（a＋不定詞）～し始める
La partita comincia alle sette e mezzo.
試合は7時半に始まります。
Abbiamo appena cominciato a mangiare.
私たちはいま食べ始めたばかりです。

---

19 □ **comprare**《コンプラーレ》

買う
Ho comprato questo maglione per mio nipote.
私は甥にこのセーターを買ってあげました。

---

20 □ **conoscere**《コノッシェレ》

知っている
Conosce il signor Favalli?
あなたはファヴァッリさんをご存知ですか？

---

21 □ **continuare**《コンティヌアーレ》 続ける，続く／（a＋不定詞）～し続ける

Continuo a chiamare l’agenzia da un’ora.

私は1時間前から代理店に電話をかけ続けています。

---

22 □ **convenire**《コンヴェニーレ》 都合がよい，～しなければならない

Quale autobus mi conviene prendere?

私はどのバスに乗ったらよいですか？

---

23 □ **correre**《コッレレ》 走る，過ぎ去る

Sono corso a casa.

僕は家に走って帰りました。

d 004

24 □ **dare**《ダーレ》 与える，あげる／（danno ...）～を上演（上映）している

Mia madre dà l’acqua ai fiori tutte le mattine.

母は毎朝花に水をやります。

Che cosa danno al Teatro alla Scala?

スカラ座では何をやっていますか？

---

25 □ **decidere**《デチーデレ》 決める／（di＋不定詞）～することを決心する

Dobbiamo decidere la data della partenza.

私たちは出発の日取りを決めなくてはなりません。

Ho deciso di frequentare un corso di inglese.

私は英語のコースに通うことに決めました。

---

26 □ **dimenticare**《ディメンティカーレ》 忘れる

Ho dimenticato l’ombrello in treno.

私は電車に傘を忘れてしまいました。

Il professore ha dimenticato di portare gli appunti per la lezione.

先生は授業のノートを持ってくるのを忘れました。

---

27 □ dire《ディーレ》

言う

Non hai detto una bugia?

君は嘘を言ってはいないかい？

Devi dire a Rosa di telefonare subito a sua madre.

君はローザにすぐに母親に電話をするように言わねばなりません。

---

28 □ dipendere《ディペンデレ》

～次第である／頼る／（da＋人）～次第である，～に依存する

Il risultato dell’esame dipende da te.

試験の結果は，あなた次第です。

Non voglio dipendere dai miei genitori.

私は親に頼りたくはないのです。

---

29 □ diventare《ディヴェンターレ》

～になる，変わる

Arturo è diventato medico.

アルトゥーロは医者になりました。

f

005

30 □ fare《ファーレ》

する，行う／作る

In maggio faccio un viaggio in Italia.

私は5月にイタリアを旅します。

Che cosa hai fatto questo fine settimana?

この週末は何をしたのですか？

慣用 **fine settimana** 男 週末

---

31 □ **finire**《フィニーレ》

終える，終わる／（di＋不定詞）～し終える

Anna ha finito i compiti.

アンナは宿題を終えました。

La lezione d’italiano finisce alle sette.

イタリア語の授業は7時に終わります。

Ho finito di leggere questo libro.

私はこの本を読み終えました。

---

32 □ **frequentare**《フレクエンターレ》

～に通う

Il mercoledì Stefano frequenta un corso di cucina.

ステーファノは毎週水曜日に料理教室に通っています。

g ……………………………… 006

33 □ **giocare**《ジョカーレ》

遊ぶ，プレーする

Nel tempo libero gioco a calcio con gli amici.

暇なとき，私は友達とサッカーをします。

---

34 □ **guidare**《グイダーレ》

運転する／導く

Sai guidare il camion?

あなたはトラックを運転できますか？

i ……………………………… 007

35 □ **imparare**《インパラーレ》

習う，学ぶ

Ci vuole molto tempo per imparare bene

l'italiano.
イタリア語をしっかり身につけるには長い時間が必要です。

Imparo a scrivere i caratteri cinesi.
私は漢字の書き方を習います。

[参考] **ci vuole** ＋単数名詞，**ci vogliono** ＋複数名詞（時間・お金が）かかる，必要である

---

36 □ **iniziare**《イニツィアーレ》

始める，開始する，始まる／（a＋不定詞）～し始める

La lezione inizia in aprile.
授業は4月に始まります。

Ho iniziato ieri a leggere questo romanzo.
私は昨日この小説を読み始めました。

---

37 □ **insegnare**《インセニャーレ》

教える

Maria insegna matematica.
マリーアは数学を教えています

I

008

38 □ **lasciare**《ラッシャーレ》

残す／去る

Ho lasciato la chiave dentro la camera.
部屋の中にカギを置いてきてしまいました。

Non voglio lasciare il mio paese.
私は故郷を離れたくはありません。

---

39 □ **lavorare**《ラヴォラーレ》

働く

Lavoro in una banca vicino a Piazza di Spagna.
私はスペイン広場の近くの銀行で働いています。

---

40 □ **leggere**《レッジェレ》

読む

Mentre mia madre cucinava, mio padre leggeva il giornale.

母が食事を作っているとき，父は新聞を読んでいました。

m 009

41 □ **mangiare**《マンジャーレ》

食べる，食事をする

Stasera mangio alla mensa.

今晩私は学生（社員）食堂で食事をします。

In questo ristorante si mangia bene.

このレストランはおいしいです。

---

42 □ **mettere**《メッテレ》

置く／（再帰動詞 mettersiで）身につける

Metta una firma qui, per favore.

ここにサインしてください。

Devi metterti il cappotto perché fuori fa freddo.

外は寒いからコートを着なければいけませんよ。

p 010

43 □ **pagare**《パガーレ》

支払う

Vorrei pagare con la carta di credito.

クレジットカードで払いたいのですが。

---

44 □ **parlare**《パッラーレ》

話す

Marco ed io parliamo in italiano e in inglese.

マルコと私は，イタリア語と英語で話しています。

---

45 □ **passare**《パッサーレ》

過ぎる／立ち寄る

Il tempo passa veloce.

時が過ぎるのは早い。

Prima di tornare a casa, passo un momento in banca.

家に帰る前に，ちょっと銀行に寄ります。

---

46 □ **pensare**《ペンサーレ》

考える，思う／（a ...）～のことを考える

Roberto pensa sempre al lavoro.

ロベルトはいつも仕事のことを考えています。

---

47 □ **piacere**《ピアチェーレ》

～の気に入る，～の好みである

Mi piacciono gli spaghetti alla pescatora.

私はスパゲッティ・ペスカトーレが好きです。

---

48 □ **portare**《ポルターレ》

持ってくる，運ぶ／身につけている

Può portare la valigia nella mia camera?

スーツケースを私の部屋へ運んでもらえますか？

Giulio porta gli occhiali.

ジュリオは眼鏡をかけています。

---

49 □ **preferire**《プレフェリーレ》

～の方が好きだ，～の方にする

Quale vino preferisce?

— Preferisco il vino bianco.

どのワインがお好みですか？

— 白ワインがいいです。

---

50 □ **prendere**《プレンデレ》

取る，つかむ／（乗り物に）乗る

Prendi il giornale e portamelo qui.

新聞を取って，ここに持ってきてくれますか？

Per andare a Milano prendo il treno delle otto.

ミラノへ行くのに私は8時の列車に乗ります。

---

51 ☐ **preoccuparsi**《プレオックパールスィ》 心配する／（di ...）～を心配する

Mi preoccupo del risultato dell’esame.

僕は試験の結果を心配しています。

---

52 ☐ **preparare**《プレパラーレ》 準備する，（食事を）作る，下ごしらえする

Mia madre ha preparato la colazione.

私の母が朝食を作ってくれました。

---

53 ☐ **provare**《プロヴァーレ》 試みる，～してみる／（a＋不定詞）～しようと試みる

Posso provare questa camicia?

このシャツを試着してもいいですか？

Proviamo a tradurre queste frasi in italiano.

私たちはこれらの文をイタリア語に翻訳しようとしています。

r 011

54 ☐ **restare**《レスターレ》 とどまる，居残る

Resto qui ancora una settimana.

私はもう1週間ここに残ります。

---

55 ☐ **rimanere**《リマネーレ》 ～にとどまる，居残る，～のままである

La mia famiglia adesso è in vacanza in Francia, ma io sono rimasto a Milano.

私の家族は今バカンスでフランスにいますが，私はミラノに残りました。

---

56 ☐ **rispondere**《リスポンデレ》 答える

Ieri ti ho chiamato tre o quattro volte, ma non ha risposto nessuno.
昨日私はあなたに3，4回電話をしたのですが，誰も出ませんでした。
[参考] **non ... nessuno** 誰も～ない

S ・・・・・・・・・・・・・・・・・・・・・・・・・・・・・・・・・・・ 012

57 □ **salire**《サリーレ》
上がる，のぼる
Saliamo al quinto piano con l’ascensore.
私たちは5番目の階（6階）までエレベーターで上がります。
▶イタリアでは2階を「第1の階」とするので，quinto piano「第5の階」は，日本の6階にあたります。

---

58 □ **sapere**《サペーレ》
知る，知っている／～できる（～するすべを知っている）／（＋不定詞）～できる，～する能力がある（従属動詞）
Sai l’indirizzo di Maria?
マリーアの住所を知っているかい？
So cucinare alcuni piatti sardi.
私はサルデーニャの料理をいくつか作れます。
[参考] **sardo**（形）サルデーニャの＜ Sardegna

---

59 □ **sbagliare**《ズバッリャーレ》
間違える
Hai sbagliato la pronuncia di “gli”.
君は “gli” の発音を間違えました。

---

60 □ **scendere**《シェンデレ》
降りる，下る
Sa dirmi dove devo scendere?

私はどこで降りたらよいか教えてもらえますか？

---

61 □ **sentire**
センティーレ

聞く／感じる

Scusi, professore, non La sento bene.

先生，すみませんが，よく聞こえません。

Vorrei un'altra coperta perché sento freddo.

寒いのでもう１枚毛布をほしいのですが。

---

62 □ **servire**
セルヴィーレ

仕える／役に立つ，必要である

Stasera ci serve la macchina.

今晩私たちには車が必要です。

---

63 □ **significare**
スィニフィカーレ

意味する

Che cosa significa questa parola?

この言葉は何を意味しますか？

---

64 □ **spegnere**
スペーニェレ

消す

Puoi spegnere la luce?

電気を消してくれる？

---

65 □ **spiegare**
スピエガーレ

説明する

Ho spiegato la situazione al poliziotto.

私は警官にその状況を説明しました。

---

66 □ **spingere**
スピンジェレ

押す

Devi spingere la porta con più forza.

もっと強くドアを押さなければなりませんよ。

---

67 □ **stare**
スターレ

（体調などが）～である／（ある場所・状況に）いる，滞在する

Come stai? — Sto bene, grazie.

元気かい？ — 元気だよ，ありがとう。

Monica è stata in Francia per tre anni.
モニカはフランスに3年間住んでいました。

---

68 □ **studiare**《ストゥディアーレ》

勉強する
Antonella studia giapponese da due anni.
アントネッラは2年前から日本語を勉強しています。

t

013

69 □ **tagliare**《タッリャーレ》

切る
Tagliate la frutta e aggiungete il vino bianco.
果物を切って，白ワインを加えてください。

---

70 □ **tornare**《トルナーレ》

帰る，戻る
A che ora tornerai a casa stasera?
今晩何時に帰ってくるつもりなの？

---

71 □ **trattare**《トラッターレ》

扱う，もてなす
In questa ditta trattano bene i clienti.
この会社は顧客を大切に扱っています。

---

72 □ **trovare**《トロヴァーレ》

見つける，出会う
Non trovo la mia valigia.
私のスーツケースが見つかりません。
Questo sabato andiamo a trovare i nonni.
今週の土曜日に，私たちは祖父母に会いに行きます。

---

u　014

73 □ **uscire**《ウッシーレ》

出る

Esco a fare una passeggiata.

僕は散歩をしに出かけてきます。

v　015

74 □ **vedere**《ヴェデーレ》

見る，会う

Ieri ho visto un vecchio film alla TV.

昨日は私はテレビで古い映画を見ました。

---

75 □ **vedersi**《ヴェデルスィ》

顔を合わせる，（お互いに）会う（相互的再帰動詞／活用は複数の人称のみ）

Ci vediamo domani.

明日会いましょう。

---

76 □ **venire**《ヴェニーレ》

来る

Vengo dal Giappone.

私は日本から来ています（来ました）。

---

77 □ **vivere**《ヴィーヴェレ》

生きる，生活をする，暮らす

Vivo a Napoli da sei anni.

6年前から私はナポリに暮らしています。

---

78 □ **volere**《ヴォレーレ》

～ほしい，～したい／（＋不定詞）～したい（従属動詞）

Vorrei un etto di prosciutto crudo, per favore.

生ハムを100グラムほしいのですが。

参考　**un etto di ...**　～を 100g

　　　due etti di ...　～を 200g

Andiamo al cinema. Vuoi venire anche tu?

私たちは映画に行くんですよ。あなたも来ませんか？

▶ vorrei < volere の条件法 1 人称単数形。「（私は）ほしい」の丁寧な言い回し。

動詞

a 016

☐ **accadere**《アッカデーレ》 起こる，生じる

Come è accaduto?

どうしてそうなったのですか？

☐ **accettare**《アッチェッターレ》 受け取る，受け入れる

Accetto con piacere il tuo invito.

私はあなたの招待を喜んで受けますよ。

参考 **con piacere (= volentieri)** 喜んで

☐ **accomodarsi**《アッコモダールスィ》 くつろぐ，腰かける，（部屋などに）入る

Posso entrare? — Prego. Si accomodi.

入っていいですか？ — どうぞ，お入りください。

☐ **accompagnare**《アッコンパニャーレ》 つきそう，同伴する

Ti accompagno all'aeroporto.

空港まであなたと一緒に行きますよ。

☐ **addormentarsi**《アッドルメンタールスィ》 眠る，寝つく

Stasera Anna si è addormentata molto presto.

今晩アンナはとても早く眠りにつきました。

☐ **aggiungere**《アッジュンジェレ》 付け加える

Se vi piace, aggiungete anche un po' di parmigiano alla pasta.

お好みならば，そのパスタにパルメザン・チーズを少し加えてください。

☐ **annoiarsi**
アンノイアールスィ
退屈する，うんざりする／（a ...）～にうんざりする
Mi sono annoiato a quella festa.
あのパーティーに僕は退屈しました。

☐ **arrabbiarsi**
アッラッビアールスィ
怒る，いらだつ／（con＋人）～に腹を立てる
Mia madre si è arrabbiata con quella commessa.
私の母はあの店員に腹を立てました。

☐ **arrivare**
アッリヴァーレ
着く，到着する
A che ora arriva questo treno a Milano?
この列車は何時にミラノに着きますか？

☐ **aspettare**
アスペッターレ
待つ
Aspettavo una tua telefonata.
私はあなたの電話を待っていたのですよ。
Aspettiamo e vediamo come vanno le cose.
ちょっと待って，事態がどうなるか見てみましょう。

b ・・・・・・・・・・・・・・・・・・・・・・・・ 017

☐ **baciare**
バチャーレ
キスをする
Il nonno ha baciato la nipotina.
おじいさんはその孫にキスをしました。
参考 **nipotina** < nipoteの縮小辞「小さな孫（女）」
関連語 **bacio** [バーチョ] 男 キス

☐ **badare**
バダーレ
注意する，見守る／（a ...）～に注意する，～を見守る
Puoi badare ai bambini, mentre vado a fare la spesa?

私が買い物に行っている間，あなたは子どもたちを見ていてくれますか？

参考 **fare la spesa**（ふだんの）買い物をする

□ **bagnarsi**《バニャールスィ》

ぬれる

Pioveva e mi sono bagnato tutto.

雨が降っていて，僕はずぶぬれになってしまいました。

□ **ballare**《バッラーレ》

踊る

Laura è andata a ballare con gli amici.

ラウラは友達と踊りに行きました。

□ **battere**《バッテレ》

たたく，打つ，打ち勝つ

Prima si batte la carne e poi si cucina.

最初に肉をたたいてつぶし，それから調理します。

La Juventus ha battuto il Real Madrid.

ユベントスがレアル・マドリードを破った。

参考 **Prima ..., poi ....** 最初に～，次に～。

□ **bollire**《ボッリーレ》

沸く，沸騰する

L’acqua sta bollendo.

お湯が沸いています。

□ **bussare**《ブッサーレ》

ノックする／（a ...）～をノックする

Mentre dormivo, qualcuno ha bussato alla porta.

私が寝ていると，誰かがドアをノックしました。

□ **buttare**《ブッターレ》

投げる，放る

Il mozzicone della sigaretta non si deve buttare per terra.

タバコの吸い殻を地面に捨ててはいけません。

[参考] **per terra**　地面に

[関連語] **buttare via** [ブッターレ　ヴィア] 捨てる

C　🎧 018

□ **camminare**《カンミナーレ》　歩く

Mentre camminavo verso la stazione, sono caduto.

僕は駅にむかって歩いている途中で，転んでしまいました。

□ **cantare**《カンターレ》　歌う

Prima della partita tutti cantano l'inno nazionale.

試合の前に，みんなが国家を歌います。

[参考] **prima di ...**　～の前に

□ **capire**《カピーレ》　理解する，わかる

Noriko capisce bene l'italiano.

ノリコはイタリア語がよくわかります。

□ **cenare**《チェナーレ》　夕食をとる

Ho cenato fuori ieri sera.

私は昨日の夜，外で夕食をすませました。

□ **cercare**《チェルカーレ》　探す

Mia madre ed io cerchiamo un regalo per mio padre.

母と私は父のためのプレゼントを探しています。

□ **chiacchierare**《キアッキエラーレ》　おしゃべりをする

Mi sono fermato a chiacchierare con la signora Pauluzzi.

私はパウルッツィさんと立ち話をしました。

参考 **fermarsi a** + 不定詞　～するために立ち止まる

☐ **compiere**《コンピエレ》

なしとげる，完了する／（compiere ... anni）～歳になる

Domani Silvia compie 28 anni.

明日シルヴィアは 28 歳になります。

☐ **completare**《コンプレターレ》

完成する，仕上げる

Completate queste frasi con il verbo.

動詞を使って，これらの文を完成させてください。

☐ **condire**《コンディーレ》

味つけをする

Sandra condisce il pesce con sale, limone e olio d'oliva.

サンドラはその魚を塩とレモンとオリーブオイルで味つけします。

☐ **considerare**《コンスィデラーレ》

よく考える／～とみなす

Il professore ti considera un bravo studente.

先生はあなたを優秀な生徒だと思っています。

☐ **contare**《コンターレ》

数える／（su ...）～を当てにする，頼る

Per questo problema conto sul tuo aiuto.

この問題についてはあなたの助けを頼りにしています。

☐ **controllare**《コントロッラーレ》

点検する，チェックする，確かめる

Prima di comprare il biglietto, devo controllare l'orario.

切符を買う前に，私は時刻表を確かめなければいけません。

参考 **prima di** + 不定詞　～する前に

□ **correggere**
コッレッジェレ

直す，訂正する，修正する

Ho scritto una lettera in inglese. Puoi correggerla, per favore?

私は英語で手紙を書きました。それを直してもらえますか？

□ **costare**
コスターレ

費用がかかる，値段が～である

Quanto costa il biglietto per Roma?

ローマ行きのチケットはいくらですか？

□ **creare**
クレアーレ

創り出す

Quello scrittore ha creato una nuova opera teatrale.

その作家は新しい演劇を創り出しました。

□ **credere**
クレーデレ

信じる

Credo di riuscire a passare l'esame.

私は試験に合格できると信じています。

□ **cucinare**
クチナーレ

料理をする，調理をする

Rosa, sai cucinare il pesce?

ローザ，魚料理ができますか？

□ **cucire**
クチーレ

縫う

Mia nonna sa cucire molto bene.

私の祖母は縫いものがとても上手です。

□ **curare**
クラーレ

世話をする

Il medico cura i pazienti con attenzione e senso di responsabilità.

その医者は注意深く，そして責任感をもって患者をみます。

d 019

☐ **danneggiare**《ダンネッジャーレ》 損害を与える，傷つける

Il terremoto ha danneggiato molti edifici.

その地震は多くの建物に被害を与えました。

☐ **desiderare**《デズィデラーレ》 望む，ほしい／（＋不定詞）～したいと思う（▶直接不定詞を従えて，従属動詞のように使います）

(In un negozio) Desidera?

（店で）何をお望みですか？（＝いらっしゃいませ。／何をさしあげましょうか？）

Desidero parlare con il dottor Bianchi.

私はビアンキ先生とお話ししたいと思います。

☐ **dimagrire**《ディマグリーレ》 やせる

Durante l’estate Maria è dimagrita molto.

夏の間に，マリアはとてもやせました。

☐ **dimenticarsi**《ディメンティカールスィ》 （di＋不定詞または名詞）～をし忘れる（再帰動詞）

Mi sono dimenticato di portare il vocabolario.

私は辞書を持ってくるのを忘れました。

Mi sono dimenticato dell’appuntamento con lui.

私は彼との約束を忘れてしまいました。

☐ **dipingere**《ディピンジェレ》 （絵を）描く

Chi ha dipinto questo quadro?

この絵を描いたのは誰ですか？

□ **discutere**《ディスクーテレ》 議論する

Dobbiamo discutere attentamente questo problema.

この問題については，私たちは慎重に議論しなければなりません。

□ **dispiacere**《ディスピアチェーレ》 残念である，気に入らない

Mi dispiace, non ci sono più camere libere per questa notte.

申し訳ありませんが，今晩は空き部屋がありません。

□ **disturbare**《ディストゥルバーレ》 迷惑をかける，妨げる

La disturbo se fumo?

タバコを吸うとあなたに迷惑ですか？（＝タバコを吸っても構いませんか？）

□ **divertirsi**《ディヴェルティルスィ》 楽しむ

Mi sono divertito molto alla festa di ieri sera.

昨日のパーティーでは僕はとても楽しく過ごしました。

□ **dividere**《ディヴィーデレ》 分ける，共有する

Divido un appartamento con un compagno di classe.

僕はクラスメイトとアパートを共有しています。

□ **domandare**《ドマンダーレ》 質問をする

Ho domandato il prezzo al commesso.

私は店員に値段をたずねました。

□ **dormire**
ドルミーレ

眠る

Anna ha dormito poco perché ha studiato fino a tardi per l'esame.

アンナは遅くまで試験勉強をしていたので，ほとんど寝ていません。

e　020

□ **entrare**
エントラーレ

入る

Posso entrare?

入ってもよろしいですか？

□ **esprimere**
エスプリーメレ

表す，表現する

Devi esprimere la tua opinione senza arrabbiarti.

怒らないであなたの意見を述べるべきですよ。

□ **esporre**
エスポッレ

展示する，さらす（過去分詞 esposto）

Il commesso ha esposto la merce sullo scaffale.

その店員は商品を棚に展示しました。

□ **essere**
エッセレ

～である，～にいる，～にある

Dov'è Mario? — È nel suo studio.

マリオはどこにいるのですか？

— 彼の書斎にいます。

Di dove siete? — Siamo di Bologna.

あなた方はどこの出身ですか？

— 私たちはボローニャの出身です。

□ **evitare**
エヴィターレ

避ける，～しないようにする／（di＋不定詞）～を避ける

Anna evita di mangiare dolci perché non vuole

ingrassare.
アンナは太りたくないので，甘いものを食べないようにしています。

f 021

☐ **fermare**
フェルマーレ

止める，停止させる

Il vigile ha fermato le macchine per lasciar passare una signora anziana.
その警官は，年配の女性を通してあげるために，車（の往来）を止めました。

☐ **fermarsi**
フェルマルスィ

立ち止まる，滞在する（再帰動詞）／（a＋不定詞）～するために立ち止まる

Mi fermo a parlare con il professore.
私は先生と立ち話をしました。

Luisa si è fermata quindici giorni a Londra.
ルイーザはロンドンに15日間滞在しました。

☐ **firmare**
フィルマーレ

署名する，サインをする

Quel giocatore ha firmato il contratto con la nuova squadra.
その選手は新しいチームとの契約にサインをしました。

☐ **fissare**
フィッサーレ

固定する，取り付ける

Devo fissare un appuntamento con il direttore.
私は部長と会う約束を取らなければなりません。

☐ **fotografare**
フォトグラファーレ

写真を撮る

È vietato fotografare le opere d'arte.
それらの美術品を写真に撮ってはいけません。

関連語 **fare una foto** [ファーレ　ウーナ　フォート] 写真を撮る

参考 **opera d'arte** 美術作品，美術品

vietato fotografare 写真撮影禁止

□ **fumare**
フマーレ

喫煙する

Posso fumare?

タバコを吸ってもいいですか？

関連語 **vietato fumare** [ヴィエタート　フマーレ] 禁煙

g

022

□ **gettare**
ジェッターレ

投げる

Gettiamo una moneta nella Fontana di Trevi!

トレヴィの泉にコインを投げましょう！

□ **girare**
ジラーレ

回る，回す／曲がる

Durante le vacanze Yuko e Masao hanno girato per l'Italia.

ユウコとマサオは休暇中にイタリアを回りました。

Gira a sinistra al prossimo semaforo.

次の信号を左に曲がってください。

□ **gridare**
グリダーレ

叫ぶ，どなる

Quando la squadra ha fatto goal, tutti i tifosi hanno gridato di gioia.

そのチームがゴールを決めると，ファン全員が喜びで大声をあげました。

参考 **fare goal** （サッカーなどで）得点を入れる

di gioia 喜んで

□ **guadagnare**
グワダニャーレ

稼ぐ，もうける

Mia madre guadagna mille euro al mese.
私の母は月に千ユーロ稼ぎます。

☐ **guardare** 見る，眺める
グワルダーレ
Hanno guardato la TV per ore.
彼らは何時間もテレビを見ていた。

i 023

☐ **immaginare** 想像する
インマジナーレ
Potete immaginare la situazione?
君たちはその状況を想像できますか？

☐ **importare** 輸入する
インポルターレ
Il Giappone importa tanti vini dall'Italia.
日本は，イタリアから多くの（種類の）ワインを輸入しています。

☐ **incontrare** 出会う，出くわす
インコントラーレ
Ieri per caso ho incontrato Michele in centro.
昨日，私は街で偶然ミケーレに会いました。
参考 **per caso** 偶然に，たまたま

☐ **ingrassare** 太る，太くなる
イングラッサーレ
Se non vuoi ingrassare devi mangiare meno dolci.
太りたくないなら，甘いものを食べるのをひかえるべきですよ。
▶再帰動詞 ingrassarsi も同じ意味「太る」

☐ **innamorarsi** （再帰動詞）（di …）～に恋をする，～に夢中になる
インナモラルスィ

Luigi si è innamorato di Maria?
— Sì , ma Maria è innamorata di Stefano.
ルイージはマリーアに夢中になったの？
— ええ，でもマリーアはステーファノに恋しているのよ。
[参考] **essere innamorato** 恋している

☐ **invitare**《インヴィターレ》

招く，招待する
Invitiamo anche il Signor Bianchi alla cena?
夕食にビアンキさんも招待しますか？

☐ **iscriversi**《イスクリーヴェルスィ》

（再帰動詞）（a …）～に登録する，～に入学する
Sai che Giovanna si è iscritta all’Università di Tokyo?
ジョヴァンナが東京大学に入学したこと聞いた？
[関連語] **iscrizione** [イスクリツィオーネ] 女 登録

l 024

☐ **laurearsi**《ラウレアルスィ》

大学を卒業する
Mi sono laureato in economia presso l’Università di Roma nel 1990.
私は 1990 年，ローマ大学経済学部を卒業しました。
[関連語] **laurea** [ラウレア] 女 大学卒業，学士号

☐ **lavare**《ラヴァーレ》

洗う
Chi lava i piatti?
— Nessuno, perché abbiamo la lavastoviglie.
誰がお皿を洗うの？
— 誰も（洗わない）。食器洗い機があるからね。
[参考] **lavastoviglie** 女 食器洗い機（無変化）

☐ **lavarsi**
ラヴァルスィ

①（自分で自分の体を）洗う

Mario si lava sempre con l'acqua fredda.

マリオはいつも水で身体を洗う（シャワーを浴びる）。

②（自分で自分の～を）洗う

Filippo, ti sei lavato le mani? — Sì.

Carla, tu?

— Anch'io mi sono lavata le mani, mamma.

フィリッポ，手を洗ったの？— うん。

カルラ，あなたは？ — 私も手を洗ったわ，ママ。

▶ ①の場合は lavarsi 単独で用います。②の場合は lavarsi ... のように別の目的語をとります。

☐ **liberare**
リベラーレ

解放する，自由の身にする

Ascoltare musica libera la mente dallo stress.

音楽を聴くことはストレスから心を解放します。

参考 **mente** 女 精神

stress 男 (英) ストレス (無変化)

m　025

☐ **mancare**
マンカーレ

欠けている，不足する／～がいなくてさびしい（「～」が主語となる）

A Franco manca la prudenza.

フランコには慎重さが欠けている（足りない）。

Mi manchi tanto.

あなたがいなくてとてもさびしい。

☐ **mandare**
マンダーレ

送る

Quando abitavo in Italia, ogni settimana mandavo una cartolina alla mia famiglia.

イタリアに住んでいた時，私は毎週家族に絵はがきを送っていました。

☐ **mantenere**《マンテネーレ》 保つ，維持する

Per mantenere la salute devi stare attento al cibo.

健康を保つには，食べ物に注意しなければなりません。

☐ **misurare**《ミズラーレ》 はかる，測定する

Prima di comprare i mobili, bisogna misurare la stanza.

家具を買う前に，部屋を測る必要があります。

関連語 **misura** [ミズーラ] 女 サイズ

☐ **morire**《モリーレ》 死ぬ，（植物が）枯れる

Mio nonno è morto due anni fa.

私の祖父は 2 年前に亡くなりました。

☐ **muovere**《ムオーヴェレ》 動かす，移動させる

Mi aiuti a muovere questo mobile?

この家具を動かすのを手伝ってくれる？

n ・・ 026

☐ **nascere**《ナッシェレ》 生まれる

Quando è nato il bambino di Giuseppe?

— La settimana scorsa.

ジュゼッペの子どもは，いつ生まれたのですか？

— 先週です。

☐ **nevicare**《ネヴィカーレ》 雪が降る

Oggi fa freddo ed è molto nuvoloso, nevicherà?
今日は寒いしずいぶん曇っています，雪が降るのでしょうか？
Ieri ha nevicato tanto.
昨日はたくさん雪が降った。

▶ nevicare は天候を表わす非人称動詞のひとつで，いつも 3 人称単数形で用います。近過去の助動詞は avere または essere を使います。

関連語 **neve** [ネーヴェ] 女 雪

☐ **nuotare**
ヌォターレ

泳ぐ
Sai nuotare? — No, purtroppo non so nuotare.
あなたは泳げますか？
— いや，残念ながら泳げません。

O

027

☐ **offrire**
オッフリーレ

ご馳走する，提供する
Andiamo al bar, ti offro un caffè!
— Grazie! Come sei gentile!
バールに行こう，コーヒーをごちそうするよ！
— ありがとう！　優しいね！

☐ **ordinare**
オルディナーレ

注文する／命令する
Avete già ordinato?
（レストランで）もう注文はお済みですか？

☐ **organizzare**
オルガニッザーレ

企画する，組織する
Chi ha organizzato questa festa?
— L'ha organizzata Peppe.
誰がこのパーティーを企画したのですか？

— 企画したのはペッペですよ。

p 028

□ **partire**《パルティーレ》

出発する／(da ...) ～から(を)出発する／(per ...) ～へ出発する

Domani partiamo da Roma.

私たちは明日ローマを発ちます。

Parto per il Giappone la settimana prossima.

私は来週，日本へ出発します。

□ **permettere**《ペルメッテレ》

許す，認める

Non ti permetto di dire certe cose!

君がそのようなことを口にするのを，私は許さないよ！

□ **pettinarsi**《ペッティナルスィ》

くしで(自分の)髪をとく

Stamattina non ti sei pettinato?

今朝，あなたは髪をとかさなかったの？

□ **piangere**《ピアンジェレ》

泣く

Dopo aver sentito la notizia ha cominciato a piangere.

その知らせを聞いたあと，彼女は泣き出しました。

□ **piantare**《ピアンターレ》

植える，(種を)まく

Ho piantato queste rose l'anno scorso.

私は去年，これらのバラを植えたのです。

□ **piovere**《ピオーヴェレ》

雨が降る

Alla TV hanno detto che domani pioverà.

テレビでは，明日は雨が降るだろうと言っています。

▶ piovere は天候を表わす非人称動詞のひとつで，いつも 3 人称単数形で用います。

☐ **porre**《ポッレ》

置く（過去分詞 posto）

Abbiamo posto l’armadio sul lato sinistro della stanza.

私たちは部屋の左隅に，洋服ダンスを置きました。

☐ **potere**《ポテーレ》

（可能性，能力，許可をもって）～できる／（＋不定詞）～することができる，～してよい

Adesso non posso stare al telefono perché devo uscire. Puoi richiamarmi stasera?

私は今，出かけなければならないので，電話していられません。今晩私にかけ直してもらえますか？

☐ **pranzare**《プランツァーレ》

昼食をとる

Pranziamo sempre alla mensa dell’università.

私たちはいつも大学の食堂で昼食をとります。

☐ **pregare**《プレガーレ》

願う，頼み込む，祈る

Dopo la sciagura molti pregavano di poter rivedere i loro cari.

災害のあと，多くの人が自分たちの家族に再会できるよう祈っていました。

☐ **prenotare**《プレノターレ》

予約する

Mi chiamo Martini. Ho prenotato una camera per questa notte.

私はマルティーニと申します。今晩，部屋を予約してあります。

☐ **presentare**《プレゼンターレ》 提出する，見せる／紹介する

Marco, ti presento la mia amica Lucia.

マルコ，あなたに私の友達のルチーアを紹介するね。

☐ **prestare**《プレスターレ》 貸す

Hai dieci euro da prestarmi? Mi sono dimenticato del portafoglio.

私に貸すのに 10 ユーロ持っていないかな？　財布を忘れてしまったんだ。

☐ **produrre**《プロドゥッレ》 生産する，生み出す

In questa zona si produce il Parmigiano Reggiano.

この地域では，パルミジャーノ・レッジャーノ（チーズ）が生産されています。

☐ **pronunciare**《プロヌンチャーレ》 発音する

Riuscite a pronunciare il suono “gli”?

みなさんは “ gli ” の音を発音できますか？

[参考] **riuscire a** + 不定詞　～することに成功する，～することができる

☐ **pulire**《プリーレ》 きれいにする，掃除する

Pulisci subito la tua camera!

あなたの部屋をすぐにきれいにしなさい！

[関連語] **fare le pulizie** [ファーレ　レ　プリツィーエ] 掃除する

r ・・・・・・・・・・・・・・・・・・・・・・・・・・・・・・・・・・ 029

☐ **raccontare**《ラッコンターレ》 語る，話して聞かせる

Ieri Giovanni mi ha raccontato una storia incredibile.

昨日，ジョヴァンニは私に信じられない話を聞かせてくれました。

□ **realizzare**《レアリッツァーレ》

実現する

Franco, dopo tanti anni di studio, ha realizzato il sogno di diventare medico.

フランコは，長年の勉強のあと，医者になる夢を実現しました。

□ **recarsi**《レカールスィ》

おもむく，行く

Per le raccomandate si rechi allo sportello 6.

書留を出すには，6 番窓口へ行ってください。

□ **recitare**《レチターレ》

演じる

Quell’attore recita straordinariamente bene.

その俳優は，並外れて演技がうまい。

□ **regalare**《レガラーレ》

贈る，プレゼントする

A mio padre vorrei regalare una bottiglia di vino.

父にワインを 1 本贈りたいのですが。

□ **restituire**《レスティトゥイーレ》

返す

Ti restituisco gli appunti di matematica, grazie per avermeli prestati.

あなたに数学のノートを返すよ。貸してくれてありがとう。

□ **ricevere**《リチェーヴェレ》

受け取る

Ho ricevuto un messaggio da Giorgio: dice che è ancora a Roma, ma che dopodomani tornerà.

私はジョルジョからメッセージを受け取りました。

彼はまだローマにいるけれど，明後日には戻るつもりだと書いてあります。

□ **ricordarsi**《リコルダルスィ》

覚えている，思い出す

Devo ricordarmi di comprare i pomodori.

トマトを買うのを覚えておかねばなりません。

□ **ridere**《リーデレ》

笑う

Guardando il film, gli spettatori ridevano divertiti.

映画を見ながら，観客は楽しんで笑っていました。

□ **ringraziare**《リングラツィアーレ》

感謝する

La ringrazio molto per il Suo aiuto.

私はあなたの手助けにたいへん感謝します。

□ **riposarsi**《リポザルスィ》

休む，休憩する

Appena sono tornato a casa mi sono riposata guardando la TV.

家に帰るとすぐに，私はテレビを見ながら休息をとりました。

□ **rispettare**《リスペッターレ》

尊敬する，尊重する

Devi rispettare le opinioni degli altri, anche se non sei d’accordo.

賛成ではなくとも，あなたは他人の意見を尊重するべきです。

□ **ritornare**《リトルナーレ》

戻る，帰る

Quando ritorni in Giappone?

あなたはいつ日本に戻ってくるのですか？

☐ **riuscire**
リウッシーレ

うまくできる，成功する／（a＋不定詞）〜できる，〜するのがうまくいく

Non riesco proprio a capire perché Giovanni non me l’ha detto prima.

なぜジョヴァンニが私に前もってそのことを言わなかったのか，私はまったく理解できません。

☐ **rompere**
ロンペレ

壊す

Mentre lavavo i piatti, ho rotto un bicchiere.

皿を洗っているときに，私はコップを割ってしまいました。

☐ **rubare**
ルバーレ

盗む

I ladri hanno rubato molti oggetti di valore.

泥棒たちはたくさんの貴重な物を盗みました。

S

030

☐ **saltare**
サルターレ

跳ぶ，跳ねる

I bambini saltavano e correvano giocando nel parco.

子どもたちは公園で遊びながら，跳んだり，走ったりしていました。

☐ **scappare**
スカッパーレ

逃げる

I ladri sono scappati senza lasciare traccia.

泥棒たちは手がかりを残さずに逃げました。

☐ **scegliere**
シェッリエレ

選ぶ

Non so quale colore scegliere, a te quale piace di più?

どの色を選んだらいいかわからないよ。君はどの色がより好みかな？

□ **scherzare**
スケルツァーレ

ふざける，冗談を言う

Non arrabbiarti: stavo scherzando!

怒らないで。僕はふざけていたんだ！

関連語 **per scherzo** [ペル　スケルツォ] 冗談で，ふざけて

□ **sciare**
シアーレ

スキーをする

Il prossimo fine settimana andiamo a sciare?

次の週末，スキーをしに行きませんか？

□ **scoprire**
スコプリーレ

覆いをとる／発見する

Cristoforo Colombo ha scoperto l’America.

クリストファー・コロンブスはアメリカを発見しました。

□ **scrivere**
スクリーヴェレ

書く，手紙を書く

Ho scritto un’e-mail ad Alessandro per informarlo.

そのことを知らせるために，私はアレッサンドロに E メールを書きました。

□ **scusare**
スクザーレ

許す

Mi scusi, signora, mi fa passare, per favore?

奥様，すみませんが，通してもらえませんか？

□ **sedersi**
セデルスィ

座る

Adesso siediti e racconta tutto dall’inizio.

さあ，座って，最初からぜんぶ話しなさい。

□ **seguire**
セグイーレ

後を追う，（模範として）ならう，従う
Devi seguire le istruzioni con attenzione.
あなたは注意して，説明書きに従わなければなりません。

□ **sembrare**
センブラーレ

～のように見える，～に思われる
Roberta mi sembra triste: che le sarà successo?
ロベルタは悲しそうに見えます。彼女に何が起きたのだろう？

□ **separare**
セパラーレ

分ける，離す
La sala da pranzo e il soggiorno sono separati da un mobile in stile moderno.
食堂と居間は現代的なスタイルの家具で分けられています。

□ **sistemare**
スィステマーレ

整理する，かたづける，分類する
Ho sistemato i bagagli in camera.
私は部屋で荷物を整理しました。

□ **smettere**
ズメッテレ

やめる／（di＋不定詞）～するのをやめる
Mario ha deciso di smettere di fumare.
マリオは喫煙を止める決心をしました。

□ **soffrire**
ソッフリーレ

（di ...）（～に）苦しむ／（～に）耐える，がまんする
Laura soffre spesso di mal di testa.
ラウラはよく頭痛に苦しんでいます。
Non posso soffrire le persone arroganti.
私は尊大な人々にはがまんできません。

□ **sognare**《ソニャーレ》

夢見る／夢を見る

Ho sognato che ero in una casa sconosciuta ed avevo paura.

私は自分が見知らぬ家にいて，怖がっている夢を見ました。

□ **sorridere**《ソッリーデレ》

ほほえむ

Giovanna ha letto la lettera e ha sorriso.

ジョヴァンナはその手紙を読んで，ほほえみました。

□ **sostenere**《ソステネーレ》

支える，援助する

Sosterremo sicuramente la tua proposta.

私たちは当然，君の提案を支持するでしょう。

関連語 **dare (sostenere) un esame** [ダーレ（ソステネーレ）ウネザーメ] 試験を受ける

□ **spedire**《スペディーレ》

送る

Vorrei spedire questo pacco in Italia.

この小包をイタリアへ送りたいのですが。

□ **spendere**《スペンデレ》

費やす

Ora devo risparmiare, ho speso molto durante il viaggio.

これから私は節約しなければなりません。旅行中にたくさん出費をしてしまいました。

□ **sperare**《スペラーレ》

望む，願う／（di＋不定詞）～することを願う

Spero di finire presto questo lavoro, così potrò venire con voi al cinema.

この仕事を早く終えることを願っています。そうすれば，僕は君たちと一緒に映画に行けるでしょう。

□ **sposarsi**《スポザルスィ》

（con ...）～と結婚する／（相互的再帰動詞）（二人は）結婚する

Ti sposi con Antonio?

君はアントニオと結婚するの？

Antonella e Giorgio si sposano il mese prossimo.

アントネッラとジョルジョは来月結婚します。

□ **succedere**《スッチェーデレ》

起こる，生じる

Che faccia! Che ti è successo?

なんて顔色なの！ 君に何が起きたんだい？

□ **superare**《スーペラーレ》

乗り越える／（相手を）しのぐ

Per superare questo esame dobbiamo studiare seriamente.

この試験に合格するために，私たちはまじめに勉強しなければなりません。

□ **svegliarsi**《ズヴェッリアルスィ》

目覚める，起きる

Mi sveglio sempre alle 6 perché devo andare a lavorare lontano.

遠くに働きに行かねばならないので，私はいつも 6 時に起きます。

□ **sviluppare**《ズヴィルッパーレ》

発展させる，（考え，計画を）展開させる

Ha sviluppato la sua idea in modo molto interessante.

たいへんおもしろいやり方で，彼は自分の考えを展開させました。

☐ **telefonare**
テレフォナーレ

電話をかける

Ieri sera ho telefonato a Patrizia, ma non era a casa.

昨日の晩パトリツィアに電話をしたが，彼女は家にいませんでした。

☐ **tenere**
テネーレ

持つ

Sandro tiene sempre in mano il cellulare.

サンドロはいつも携帯電話を手にしています。

☐ **tirare**
ティラーレ

引く，引っぱる

Tira bene il lenzuolo da quella parte.

その部分からうまくシーツを引っぱってください。

☐ **togliere**
トッリエレ

取り去る，はずす

Togliete l'aglio e aggiungete il pomodoro.

ニンニクを取りのぞいて，トマトを加えてください。

☐ **tradurre**
トラドゥッレ

訳す

Debora ha tradotto questo libro inglese in italiano.

デボラはこの英語の本をイタリア語に訳しました。

[関連語] **traduzione** [トラドゥツィオーネ] 女 翻訳

☐ **trascorrere**
トラスコッレレ

過ごす

Prima di sposarmi trascorrevo le vacanze estive sempre all'estero.

結婚前，私はいつも夏休みを外国で過ごしていました。

☐ **trasferirsi**
トラスフェリルスィ

（再帰動詞）引っ越しをする

Dove ti trasferisci? — A Parigi.

どこに引っ越すのですか？　— パリですよ。

[関連語] **traslocare** [トラズロカーレ], **cambiare casa** [カンビアーレ　カーザ] 引っ越しをする，転居する

☐ **trovarsi**
トロヴァルスィ

（再帰動詞）（ある場所に）ある，いる／居心地が～である

Perugia si trova in Umbria.

ペルージャはウンブリア州にあります。

Come ti trovi a Tokyo? — Mi ci trovo benissimo!

東京の居心地はどうですか？

— すごく居心地がいいですよ！

u　032

☐ **uccidere**
ウッチーデレ

殺す

La fame uccide milioni di persone ogni anno.

毎年，飢餓が何百万もの人々の命を奪っています。

☐ **unire**
ウニーレ

結びつける，ひとつにする

Unite il latte al burro e mettete sul fuoco.

バターに牛乳を合わせて，火にかけてください。

☐ **usare**
ウザーレ

使用する

Posso usare il telefono?

電話を使ってもいいですか？

v　033

☐ **vendere**
ヴェンデレ

売る

In quel negozio vendono dei bellissimi oggetti da regalo.
あの店では贈り物用のたいへんすてきな品物を売っています。

□ **vestirsi**《ヴェスティルスィ》

(再帰動詞)服を着る，着替える
La signora Mangani si è vestita di bianco.
マンガーニ夫人は白い服を着ました。

□ **vincere**《ヴィンチェレ》

勝つ
L'Italia ha vinto uno a zero contro la Spagna.
イタリアは1対0でスペインに勝ちました。

□ **visitare**《ヴィズィターレ》

訪れる
Non ho mai visitato Venezia, ma l'anno prossimo ci andrò senz'altro.
私はヴェネツィアを訪れたことがありませんが，来年にはぜひ行くつもりです。

□ **volare**《ヴォラーレ》

飛ぶ
L'aereo vola a 10.000 metri di altezza.
飛行機は1万メートル上空を飛んでいます。

□ **volerci**《ヴォレルチ》

(volereの成句的表現)～が必要である，～がかかる
Da qui a Yokohama in treno ci vuole circa un'ora.
ここから横浜まで，電車で約1時間かかります。
▶いつも3人称（単・複）の形で用います。
ci vuole＋単数名詞，ci vogliono＋複数名詞

● 従属動詞

英語の *can* や *must* のように，次に不定詞（動詞の原形）を従えて，動詞の意味を詳しくするものを「従属動詞」（または様態動詞，補助動詞）といいます。イタリア語には dovere, volere, potere, sapere の 4 つがあります。

従属動詞の用法：

文中では，従属動詞が主語に応じて活用し，直後に不定詞（動詞の原形）を従えます。

（主語＋）従属動詞＋不定詞

034

☐ **dovere**《ドヴェーレ》

〜しなければならない，〜に違いない

Devo prendere questo treno.

私はこの列車に乗らなくてはなりません。

Quegli studenti dovrebbero essere a scuola.

その生徒たちは学校にいるはずです。

☐ **potere**《ポテーレ》

（可能性，許可があって）〜できる，〜してよい

Posso arrivare a Milano entro le sei.

私は 6 時までにミラノに着けます。

Posso entrare?

入ってもいいですか？

☐ **sapere**《サペーレ》

（学習，経験によって）〜できる，〜の術を知っている

Masao sa parlare italiano.

マサオはイタリア語を話せます。

Angela sa cucinare bene.

アンジェラは上手に料理ができます。

☐ **volere**
ヴォレーレ

～したい

Keiko vuole studiare italiano.

ケイコはイタリア語を勉強したいのです。

Vuoi fare due passi con me?

僕といっしょに散歩でもしないかい？

名詞

a　035

□ **abilitazione** 女 資格
アビリタツィオーネ
Vittorio ha superato l'esame di abilitazione.
ヴィットーリオは資格試験に合格しました。

□ **abitante** 男 女 住人，住民（動詞abitare（住む）の現在分詞）
アビタンテ
Siena conta circa 53.000 abitanti.
シエナの人口は約５万３千人です。

関連語 **abitazione** [アビタツィオーネ] 女 住居
abitato [アビタート] 男 集落，住宅街

□ **abito** 男 服，ドレス
アービト
Rosanna ha comprato un bellissimo abito da sera.
ロザンナはとてもすてきなイブニング・ドレスを買いました。

□ **abitudine** 女 習慣，習癖
アビトゥーディネ
Mio padre ha l'abitudine di alzarsi presto.
私の父は早起きが習慣です。

□ **accordo** 男（意見などの）一致，合意／（andare d'accordo con＋人）～と仲がよい
アッコールド
D'accordo.
了解です。／賛成です。
Vado d'accordo con Marco.
私はマルコと仲がよいのです。

☐ **aceto**《アチェート》

男 酢

Hai messo l’aceto nell’insalata?

君はサラダに酢をいれましたか？

☐ **acqua**《アックア》

女 水

Non mi piace molto l’acqua gassata.

私は炭酸入りの水が苦手です。

Non c’è acqua calda in camera.

部屋でお湯が出ないのですが。

☐ **aereo**《アエーレオ》

男 飛行機

Da Milano a Palermo andiamo in aereo, poi prendiamo la nave.

私たちはミラノからパレルモまで飛行機で行きます。そして船に乗ります。

関連語 **aeroporto** [アエロポルト] **男** 空港

☐ **affare**《アッファーレ》

男 用事，仕事

Questo è un affare poco chiaro.

これはあまりはっきりしない仕事です。

☐ **affitto**《アッフィット》

男 賃貸，賃借り

Per le vacanze ho preso in affitto una casa al mare.

バカンスの間，私は海辺の家を借りました。

関連語 **contratto d’affitto** [コントラット　ダッフィット] 賃貸借契約，**dare in affitto** [ダーレ　イン　アッフィット] 貸す，**prendere in affitto** [プレンデレ　イナッフィット] 借りる

☐ **agenzia**《アジェンツィーア》

女 代理店，仲介

Mia sorella lavora in un’agenzia di viaggi.

私の姉は旅行代理店で働いています。

□ **aglio**《アッリオ》

男 ニンニク

Tagliate l'aglio a pezzetti e aggiungetelo all'olio.

ニンニクを刻んで，油に入れてください。

□ **aiuto**《アイウート》

男 助け，手伝い，援助

Signora, ha bisogno di aiuto?

奥さん，お手伝いしましょうか？

Aiuto!

助けて！

□ **albergo**《アルベルゴ》

男 ホテル

Questo albergo si trova dentro un palazzo antico.

このホテルは古い建物の中にあります。

□ **albero**《アルベロ》

男 木，樹木

I bambini hanno piantato un albero in giardino.

子どもたちは庭に 1 本の木を植えました。

□ **ambiente**《アンビエンテ》

男 環境

I problemi dell'ambiente sono molto importanti.

環境問題はとても大切です。

□ **ambulanza**《アンブランツァ》

女 救急車

Chiami un'ambulanza, per favore.

救急車を呼んでください。

□ **amicizia**《アミチーツィア》

女 友好関係，友情

Ci siamo conosciuti l'anno scorso e abbiamo fatto subito amicizia.

僕たちは去年知り合い，すぐに友達になりました。

☐ **amico**《アミーコ》

男 友達（複 amici）

女 amica [アミーカ]（複 amiche）

Abbiamo molti amici in Italia.

私たちにはイタリアに多くの友達がいます。

☐ **analisi**《アナーリズィ》

女 分析（単複同形）

La sua analisi del problema non è convincente.

この問題に関する彼の分析には，あまり説得力がありません。

☐ **anello**《アネッロ》

男 指輪

Questo anello era di mia nonna e mia madre lo ha regalato a me.

この指輪は私の祖母のもので，母がそれを私にプレゼントしてくれたのです。

☐ **angolo**《アンゴロ》

男 角，隅，曲がり角

Giri a destra all’angolo.

その角を右に曲がってください。

☐ **anniversario**《アンニヴェルサーリオ》

男 記念日

Per l’anniversario di matrimonio dei miei genitori andremo a cena al ristorante.

私の両親の結婚記念日にはレストランに夕食に行く予定です。

☐ **anno**《アンノ》

男 年

Quanti anni hai? — Ne ho ventitré.

君はいくつ？ — 23 歳です。

☐ **antipasto**《アンティパスト》

男 前菜，オードブル

Per antipasto prendo prosciutto e melone.
前菜は，生ハム・メロンにします。

□ **appartamento**《アッパルタメント》 男 アパート，マンション
Cerco un appartamento ammobiliato.
私は家具つきのアパートを探しています。

□ **appetito**《アッペティート》 男 食欲
Oggi ho poco appetito.
今日は食欲がありません。
Buon appetito!
たくさん召し上がれ！

□ **appuntamento**《アップンタメント》 男 約束，面会
Adesso devo proprio andare: ho un appuntamento dal dentista.
本当にもう行かなくては。歯科医の予約があるのです。

□ **appunto**《アップント》 男 メモ，ノート
Se volete, potete prendere appunti.
取りたければ，メモをとっても構いません。

□ **arancia**《アランチャ》 女 オレンジ
Vorrei un succo di arancia.
オレンジジュースがほしいのですが。

□ **aranciata**《アランチャータ》 女 （炭酸入りの）オレンジジュース
Mi dà un'aranciata, per favore?
オレンジジュースを１杯いただけますか？

- [ ] **area**
アレア

女 地域，区域，エリア（複 aree）

Questo posto è un'area di servizio.

この場所は（自動車道路の）サービスエリアです。

- [ ] **argento**
アルジェント

男 銀

Queste posate sono d'argento.

これらの食器は銀でできています。

- [ ] **armadio**
アルマーディオ

男 洋服だんす

Gianni ha messo tutti i vestiti nell'armadio.

ジャンニは洋服を全部たんすに入れました。

関連語 **armadietto** [アルマディエット] 男 ロッカー

- [ ] **arrosto**
アッロスト

男 ローストした肉

Pollo arrosto e patate fritte per me, grazie.

私にはローストチキンとフライドポテトをください。

- [ ] **arte**
アルテ

女 芸術，美術／技法

Mi interessa l'arte italiana.

私はイタリアの芸術に興味があります。

- [ ] **artista**
アルティスタ

男 女 芸術家，アーティスト（複 男 ...i，女 ...e）

Fabio è un artista noto, ha tenuto mostre in tutto il mondo.

ファビオは有名な芸術家です。彼は世界中で展覧会を開催しました。

- [ ] **ascensore**
アシェンソーレ

男 エレベーター

Saliamo con l'ascensore.

エレベーターで上がりましょう。

☐ **assicurazione** 女 保険

アッスィクラツィオーネ

Devo rinnovare l'assicurazione della macchina.

私は自動車保険を更新しなくてはなりません。

☐ **attenzione** 女 注意，用心

アッテンツィオーネ

Aspetta qui e fai attenzione ai bagagli, per favore.

ここで待っていてください，荷物には注意を払わないといけませんよ。

☐ **attesa** 女 待つこと

アッテーザ

Dopo una lunga attesa, abbiamo finalmente ricevuto notizie di Giulio.

長いこと待った末，私たちのもとにジューリオの知らせがようやく届きました。

関連語 **sala d'attesa** [サーラ　ダッテーザ] 待合室

in attesa di ... [イナッテーザ　ディ] 〜を待って

☐ **attimo** 男 瞬間

アッティモ

Aspetta un attimo!

ちょっと待って！

関連語 **un momento** [ウン　モメント] ちょっと

☐ **aula** 女 教室，講義室

アウラ

Non trovo l'aula dove fanno l'esame.

試験が行われる教室がわかりません。

☐ **autobus** 男 バス

アウトブス

Tutte le mattine vado al lavoro in autobus.

毎朝私はバスで仕事に行きます。

☐ **automobile** 女 自動車，乗用車

アウトモービレ

Purtroppo la mia automobile adesso è in officina.
あいにく私の車は今修理に出しています。
[関連語] **auto** [アウト] 女 自動車（automobileの省略形で無変化）

b 036

☐ **bagaglio**《バガッリョ》

男（旅行などの）荷物，手荷物
Devo preparare i bagagli entro oggi, perché domani parto molto presto.
明日とても早く出発するので，私は今日中に荷物を用意しなければなりません。

☐ **bagno**《バーニョ》

男 バスルーム，トイレ／水浴，入浴
Posso andare in bagno?
トイレを貸してもらえますか？
[関連語] **fare il bagno** [ファーレ イル バーニョ] 入浴する，海水浴する

☐ **bambino**《バンビーノ》

男 子ども，赤ん坊 女 bambina [バンビーナ]
Quando ero bambino, giocavo spesso con la palla al parco.
私が子どもの頃，公園でよくボール遊びをしたものでした。

☐ **banca**《バンカ》

女 銀行
Mio zio lavora in una banca vicino al Duomo.
私のおじは，ドゥオーモの近くの銀行で働いています。

☐ **banco**

男（学校などの）机，仕事台／（バールなどの）カウンター

Durante l'esame potete tenere sul banco solo la matita e la gomma.
試験中，机の上には鉛筆と消しゴムしか置いてはいけません。

I prezzi sono più bassi al banco che al tavolo.
値段はテーブル席よりカウンターの方が安いです。

☐ **bandiera**《バンディエーラ》

女 旗
La bandiera italiana è bianca, rossa e verde.
イタリアの国旗は白と赤と緑です。

☐ **bar**《バール》

男 バール
Ho sete. Andiamo al bar e prendiamo qualcosa da bere!
のどが渇きました。バールへ行って何か飲みましょう！
関連語 **barista** [バリスタ]] 男 女 バールの店主，ウエーター，ウエートレス

☐ **barba**《バルバ》

女 (あご)ひげ
Mi faccio la barba ogni mattina.
私は毎朝ひげを剃ります。
慣用 **farsi la barba** [ファルズィ ラ バルバ] （自分の）ひげを剃る

☐ **batteria**《バッテリーア》

女 電池，バッテリー
Devo cambiare la batteria dell'orologio.
時計の電池を交換しなくてはなりません。

☐ **biblioteca**《ビブリオテーカ》

女 図書館
La biblioteca apre alle otto e mezza.
図書館は８時半に開館します。

□ **bicchiere**《ビッキエーレ》

男 コップ，グラス

Mi porti un bicchiere di vino bianco, per favore.

白ワインをグラス1杯持ってきてください。

□ **bicicletta**《ビチクレッタ》

女 自転車

Nadia e Alice vanno al mare in bicicletta.

ナディアとアリーチェは自転車で海へ行きます。

関連語 **bici** [ビチ] 女 自転車（biciclettaの省略形で無変化）

□ **biglietto**《ビリエット》

男 切符，チケット，カード

Dove posso comprare un biglietto del pullman?

送迎バスの切符はどこで買えますか？

□ **birra**《ビッラ》

女 ビール

Ti offro una birra.

ビールをごちそうしますよ。

□ **bisogno**《ビゾーニョ》

男 必要，必要性／（avere（esserci）bisogno di＋名詞／不定詞）～の（～する）必要がある

Ho bisogno di riposarmi.

私は休む必要があります。

Non c'è bisogno di spiegazioni.

説明の必要はありません。

□ **bistecca**《ビステッカ》

女 ステーキ

Vorrei mangiare una bistecca alla fiorentina.

フィレンツェ風ステーキを食べたいのですが。

□ **borsa**《ボルサ》

女 かばん，バッグ

Sto cercando una borsa di Prada.

私はプラダのバッグを探しています。

□ **botteghino**《ボッテギーノ》

男 (劇場の) 切符売り場

I biglietti per lo spettacolo si possono comprare al botteghino.

その公演のチケットは切符売り場で買えます。

□ **bottiglia**《ボッティーリア》

女 びん，ボトル

Mi porti un'altra bottiglia di vino.

ワインをもう 1 本持ってきてください。

□ **braccio**《ブラッチョ》

男 腕 (複 le braccia ▶女性形に変わります)

Luigi è quello studente con un libro sotto il braccio.

ルイージは脇に雑誌を抱えているあの学生です。

Ti aspetto sempre a braccia aperte.

君ならいつも大歓迎だよ。

□ **bugia**《ブジーア》

女 うそ

Non dire bugie, so che le cose non sono andate così.

うそをつかないで。私は事態がそんな風に進まなかったことは知っていますよ。

□ **burro**《ブッロ》

男 バター

Mettete il burro in padella.

フライパンにバターを入れてください。

□ **busta**《ブスタ》

女 封筒

Mi serve una busta per spedire questo documento.

この書類を送るのに封筒がいります。

名詞

☐ **cabina**《カビーナ》

女 電話ボックス，船室，更衣室

Telefono da una cabina.

私は電話ボックスから電話をします。

☐ **caffè**《カッフェ》

男 コーヒー

Prendo un caffè al bar almeno tre volte al giorno.

私は少なくとも日に 3 回はバールでコーヒーを飲みます。

☐ **caffellatte**《カフェッラッテ》

男（無変化）カフェラテ

Un caffellatte e un cornetto, per favore.

— Ecco lo scontrino.

カフェラテとクロワッサンをお願いします。

— はい，これがレシートです。

☐ **calcio**《カルチョ》

男 サッカー

Quando è libero, mio fratello gioca spesso a calcio.

暇なとき，兄はよくサッカーをしています。

☐ **calcolo**《カルコロ》

男 計算

Questo calcolo non va bene, lo devi fare un'altra volta.

この計算は合っていません。もう一度，やり直してください。

☐ **cambio**《カンビオ》

男 交換，両替

Il tasso di cambio di oggi non è alto.

今日の（通貨の）交換率は高くありません。

☐ **camera**《カメラ》

女 部屋，寝室

Avete una camera libera per stasera?

今晩空き部屋はありますか？

☐ **cameriere**《カメリエーレ》

男 ウエーター

女 cameriera [カメリエーラ] ウエートレス

Cristiano lavora in un ristorante come cameriere.

クリスティアーノはウエーターとしてレストランで働いています。

☐ **camicia**《カミーチャ》

女 シャツ，ワイシャツ

Questa camicia ti sta molto bene.

このシャツはあなたにとてもよく似合っています。

関連語 **camicetta** [カミチェッタ] 女 ブラウス

☐ **campagna**《カンパーニャ》

女 田舎，田園

Mi piace passare in campagna i fine settimana. È rilassante.

私は週末を田舎で過ごすのが好きです。リラックスできますから。

☐ **campo**《カンポ》

男 田畑，野原／グランド

In questa zona ci sono moltissimi campi di girasoli.

この地域にはたくさんのひまわり畑があります。

関連語 **campo da tennis** [カンポ ダ テンニス] テニスコート

☐ **cane**《カーネ》

男 犬

Questo cane è di razza.

この犬は血統がいい。

関連語 **cagna** [カーニャ] 女 メス犬

☐ **cantante**《カンタンテ》 男 女 歌手

Molti cantanti famosi hanno dato un concerto per beneficienza.

多くの有名な歌手たちがチャリティーのためにコンサートを開きました。

☐ **canzone**《カンツォーネ》 女 歌

Ho sentito spesso questa canzone alla radio.

私はこの歌をよくラジオで聞きました。

☐ **capello**《カペッロ》 男 髪

Marco ha i capelli castani.

マルコは栗色の髪をしています。

☐ **capo**《カーポ》 男 頭，トップ，長，指導者

Il capo ha detto di fare presto, perché il presidente non può aspettare.

社長は時間がないので，早くするようにとチーフは言いました。

☐ **cappello**《カッペッロ》 男 帽子

Mio zio si mette sempre il cappello.

私のおじはいつも帽子をかぶっています。

☐ **cappotto**《カッポット》 男 コート，オーバー

È meglio che ti metta il cappotto, fa molto freddo.

コートを着た方がいいよ。とても寒いから。

☐ **cappuccino**《カップッチーノ》 男 カプチーノ

Vorrei un cappuccino tiepido, per favore.
あまり熱くないカプチーノを1つ，お願いします。

□ **carciofo**《カルチョーフォ》

男 (主に複数形で) アーティチョーク
Passate i carciofi nella farina e metteteli in padella con un po' d'olio d'oliva.
アーティチョークに小麦粉をつけて，オリーブオイルが少々入ったフライパンに入れてください。

□ **carne**《カルネ》

女 肉
Preferisco la carne al pesce.
私は魚よりも肉のほうが好きです。

□ **carta**《カルタ》

女 紙，カード，書類
Per prendere appunti ci vogliono la carta e la penna.
メモを取るのに，紙とペンがいります。
関連語 **carta di credito** [カルタ ディ クレーディト] クレジットカード，**cartina** [カルティーナ] 女 (小さな) 紙，小地図

□ **cartolina**《カルトリーナ》

女 絵はがき
Ho ricevuto una cartolina da Matteo: il posto sembra molto bello.
マッテーオから絵はがきが届きました。そこはとても素敵な所のようです。

□ **casa**《カーザ》

女 家
Devo tornare a casa presto stasera.
今晩私は早く家に帰らなければなりません。

□ **cashmere**《カシュミル》 男 カシミア

Questo maglione di cashmere costa 180 euro.

このカシミアのセーターは 180 ユーロです。

□ **cassa**《カッサ》 女 レジ，会計窓口

Deve fare prima lo scontrino alla cassa.

まずレジでレシートをもらわなければなりません。

関連語 **cassiere** [カッスィエーレ]，男 **cassiera** [カッスィエーラ] 女 レジ係（人）

□ **cattolicesimo**《カットリチェーズィモ》 男 カトリック

Molti italiani praticano il cattolicesimo.

多くのイタリア人がカトリックの教えを実践しています。

□ **cellulare**《チェッルラーレ》 男 携帯電話

Mi daresti il tuo numero di cellulare? Appena so qualcosa ti chiamo.

君の携帯電話の番号を教えてもらえる？　何かわかり次第，君に電話するよ。

▶ 携帯電話は口語で telefonino [テレフォニーノ] とも言います。

□ **cena**《チェーナ》 女 夕食

Vieni a cena da me domani sera?

明日の晩，うちに食事に来ない？

□ **cenere**《チェーネレ》 女 灰

Attento alla cenere della sigaretta!

たばこの灰に気をつけて！

□ **centro**
チェントロ

男 中心，（町の）中心街
Abbiamo incontrato Lucia in centro.
私たちは町なかでルチーアに会いました。

□ **certificato**
チェルティフィカート

男 証明書
Deve portare anche il suo certificato di nascita.
彼は出生証明書も持って行かなくてはなりません。

□ **chiamata**
キアマータ

女（電話などの）呼び出し，通話
Ho ricevuto una chiamata urgente dal direttore.
私は部長から緊急の電話をもらいました。

□ **chiave**
キアーヴェ

女 鍵
Dove ho messo le chiavi?
僕はどこに鍵を置いたんだっけ？

□ **chiesa**
キエーザ

女 教会
Questa è una chiesa gotica.
これはゴシック様式の教会です。

□ **cibo**
チーボ

男 食べ物，食材
I cibi surgelati sono molto pratici per chi non ha tempo.
冷凍食品は時間のない人にとって大変便利です。

□ **cielo**
チエーロ

男 空
Lui ha alzato gli occhi al cielo.
彼は空を見上げました。

□ **cinema**
チーネマ

男 映画，映画館
Quando ho tempo libero, vado spesso al cinema.

暇があると，私はよく映画館に行きます。

□ **città**《チッタ》

女 町，都市，都会

Abiti in città o in campagna?

あなたが住んでいるのは都会，それとも田舎？

□ **cittadino**《チッタディーノ》

男 市民　女 cittadina [チッタディーナ]

Il sindaco ha fatto un discorso davanti ai cittadini.

市長は市民の前で演説をしました。

□ **classe**《クラッセ》

女 階級，クラス，（乗り物の）等級

La classe della lezione di italiano è al secondo piano.

イタリア語講座のクラスは3階（第2の階）にあります。

□ **cliente**《クリエンテ》

男女 客，得意先

I clienti sono soddisfatti della qualità di questo prodotto.

顧客たちはこの製品の質のよさに満足しています。

□ **cognome**《コニョーメ》

男 名字，姓

Di nome si chiama Marco e di cognome Bellini.

彼は名をマルコといい，姓をベッリーニといいます。

□ **colazione**《コラツィオーネ》

女 朝食

Hai già fatto colazione?

君はもう朝食をとったの？

□ **collega**《コッレーガ》

男 女 同僚，仕事仲間（複 男 colleghi，女 colleghe）

I miei colleghi sono tutti persone molto preparate e interessanti.
私の同僚はみんなとても優秀で，おもしろい人たちです。

☐ **colore**
コローレ

男 色，色彩
Quali sono i colori della bandiera italiana?
イタリアの国旗は何色ですか？

☐ **coltello**
コルテッロ

男 ナイフ
I coltelli sono nel cassetto a sinistra.
ナイフは左の引き出しに入っています。

☐ **commissione**
コンミッスィオーネ

女 委員会／手数料
La commissione ha stabilito il programma per il prossimo anno.
委員会は来年の予定を決めました。

☐ **compagno**
コンパーニョ

男 仲間，パートナー　女 compagna [コンパーニャ]
Facciamo una festa con i compagni di scuola.
私たちは同窓生とパーティーをします。

☐ **compito**
コンピト

男 課題，宿題
Mia sorella non può uscire stasera perché deve fare i compiti.
私の妹は，宿題をしなければいけないので，今晩外出できません。

☐ **compleanno**
コンプレアンノ

男 誕生日
Sabato è il compleanno di Gianni, potremmo andare a prendere una pizza tutti insieme.

土曜日はジャンニの誕生日です。みんなでピッツァを食べに行きましょう。

☐ **comune**《コムーネ》

男 市役所，役場

Devo andare in comune per ritirare i documenti.

私は市役所に書類を取りに行かねばなりません。

☐ **concerto**《コンチェルト》

男 コンサート

Il concerto comincia alle ventuno e trenta.

コンサートは21時30分から始まります。

☐ **condizione**《コンディツィオーネ》

女 条件，（社会的）状況，（肉体的・心理的）状態

Le condizioni di vita in certe zone sono difficili.

いくつかの地域では生活条件が劣悪です。

☐ **consiglio**《コンスィッリョ》

男 助言，勧め

Avrei bisogno di un consiglio, non riesco a decidere cosa fare in questa situazione.

私は助言を必要としています。この状況でどうしたらいいのか決められません。

☐ **consumo**《コンスーモ》

男 消費

Il consumo di vino fra i giovani italiani sta diminuendo, mentre sta aumentando il consumo di birra.

イタリアの若者たちの間では，ワインの消費が減る一方，ビールの消費が増えています。

☐ **contante**《コンタンテ》

男（主に複数形で）現金／（in contanti）現金で

Marco ha comprato un nuovo computer e l’ha pagato in contanti.

マルコは新しいコンピューターを買って，現金で支払いました。

☐ **contatto**《コンタット》 男 接触，（人間同士の）触れ合い

Teniamoci in contatto, questo è il mio indirizzo e-mail e questo è il mio numero di cellulare.

私たちは連絡を取り合うことにしましょう。これが私のEメールアドレスで，これが私の携帯電話の番号です。

関連語 **mettersi in contatto con ...** ［メッテルスィ　イン　コンタット　コン］～と連絡を取る，関係を保つ

☐ **conto**《コント》 男 計算，会計，勘定

Mi porta il conto, per favore?

勘定を持ってきてもらえますか？

☐ **contorno**《コントルノ》 男 つけ合わせ

Per contorno prendo i carciofi.

つけ合わせにはアーティチョークをいただきます。

☐ **contratto**《コントラット》 男 契約

Ieri ho firmato il contratto di affitto per l’appartamento. Traslocherò la prossima settimana.

昨日，私はマンションの賃貸契約書にサインしました。来週，引っ越しをする予定です。

☐ **conversazione**《コンヴェルサツィオーネ》 女 会話

La lezione di conversazione è abbastanza difficile, ma molto divertente.

会話の授業は結構難しいけれど，とてもおもしろいです。

☐ **coperta**《コペルタ》

女 毛布

Fa freddo. Devo mettere una coperta in più.

寒いです。もう1枚毛布を掛けなくちゃ。

☐ **coppia**《コッピア》

女 ペア，カップル

Facciamo gli esercizi di conversazione in coppia.

私たちはペアになって会話の練習をします。

☐ **corda**《コルダ》

女 ロープ

Per legare insieme tutta questa roba ci vuole una corda.

これらの物を一つにまとめるには，ロープが必要です。

☐ **cornetto**《コルネット》

男 クロワッサン

Per colazione prendo sempre un cappuccino e un cornetto al bar.

私はバールで，いつも朝食にカップチーノとクロワッサンを取ります。

☐ **corsa**《コルサ》

女 駆けること／(di corsa) 走って

Sono arrivata al lavoro di corsa perché ero in ritardo.

私は遅刻していたので，走って職場に着きました。

関連語 **fare una corsa** [ファーレ　ウナ　コルサ] 走る

☐ **corso**《コルソ》

男 コース，講座

Quest’estate frequenterò un corso d’italiano a Siena.

この夏，私はシエナでイタリア語講座に通うつもりです。

□ **cortesia**
コルテズィーア

女 親切，思いやり

Grazie infinite per la Sua cortesia.

あなたのご親切には大変感謝いたします。

関連語 **per cortesia** ［ペル　コルテズィーア］ どうぞ，なにとぞ

□ **cortile**
コルティーレ

男 中庭

Hanno decorato il cortile con molte piante.

彼らはたくさんの植物で庭を飾りました。

□ **cosa**
コーザ

女 物，物事

Comunque sia, per me è la stessa cosa.

いずれにしても，私にとっては同じ事です。（＝どちらでも構わない）

□ **costa**
コスタ

女 海岸線

La costa amalfitana è uno dei posti più belli d’Italia.

アマルフィ海岸地方はイタリアでもっとも美しい所の一つです。

□ **costruzione**
コストゥルツィオーネ

女 建設，建造物

La costruzione di questa chiesa risale al XII secolo.

この教会の建立は 12 世紀にさかのぼります。

□ **costume**
コストゥーメ

男 習慣，衣装，（複数で）風俗，風習

I costumi e le abitudini cambiano da una zona all’altra.

風習や習わしは地域ごとに異なるものです。

□ **cotoletta**《コトレッタ》

女 コトレッタ，（子牛，豚，羊の）あばらの肉

Mi porta una cotoletta con contorno di piselli, per favore?

コトレッタとつけ合わせにグリーンピースをいただけますか？

関連語 **cotoletta alla milanese** [コトレッタ　アッラ　ミラネーゼ] ミラノ風コトレッタ（子牛肉を使ったカツレツ風の料理）

□ **cotone**《コトーネ》

男 綿，コットン

Gloria ha comprato una bella camicia di cotone.

グロリアはきれいな綿のシャツを買いました。

□ **cravatta**《クラヴァッタ》

女 ネクタイ

Vorrei regalare una cravatta a mio padre.

私は父にネクタイをプレゼントしたいのです。

□ **cucchiaio**《クッキアイオ》

男 スプーン，大さじ

Quando apparecchi devi mettere il cucchiaio a destra.

テーブルセッティングをするときには，スプーンを右に置かなくてはなりません。

関連語 **cucchiaino** [クッキアイーノ] 男 小さいスプーン，ティースプーン，小さじ

□ **cucina**《クチーナ》

女 台所，キッチン，料理

La cucina di questa casa è molto piccola, ma c'è una bella sala da pranzo.

この家の台所はとても狭いのですが，そのかわりにすてきなダイニングがあります。

□ **cugino**《クジーノ》

男 いとこ　女 cugina〔クジーナ〕

Mio cugino abita a Milano.

私のいとこはミラノに住んでいます。

□ **culla**《クッラ》

女 ゆりかご／発祥の地

Il bambino nella culla piangeva.

ゆりかごの子どもが泣いていました。

d

038

□ **data**《ダータ》

女 日付，日時

Entro questa data dovete consegnare la relazione.

君たちはこの期日までにレポートを提出しなくてはなりません。

□ **decisione**《デチズィオーネ》

女 決定，決心

Sono d’accordo con te, questa è una decisione difficile.

私も君に賛成です。これはとても難しい決断です。

□ **dente**《デンテ》

男 歯（▶通常，i denti（複数形）の形で使われます）

Lavarsi i denti tre volte al giorno è una buona abitudine.

１日に３回歯を磨くのはよい習慣です。

□ **dentista**《デンティスタ》

男 女 歯医者（複 男 ...i，女 ...e）

Oggi alle tre ho un appuntamento dal dentista.

今日の３時に歯科医の予約が入っています。

□ **destra**《デストラ》

女 右，右側，右手

Qui a destra c'è un bar e accanto al bar c'è il negozio che cerca.
ここの右に曲がったところにバールがあります。その隣にお探しのお店がありますよ。

□ **diamante**《ディアマンテ》

男 ダイヤモンド
Per l'anniversario di matrimonio ho regalato a mia moglie una collana con un piccolo diamante.
結婚記念日に私は妻に小さなダイヤのついたネックレスをプレゼントしました。

□ **dibattito**《ディバッティト》

男 討論
Alla fine del dibattito, nessuno era convinto delle conclusioni.
討論の末，結果に納得している者はだれもいませんでした。

□ **dieta**《ディエータ》

女 ダイエット／(essere a dieta) ダイエット中の
Mi dispiace, non posso mangiare dolci: sono a dieta.
ごめんなさい。甘いものは食べられません。ダイエット中なんです。

□ **differenza**《ディッフェレンツァ》

女 違い，相違
C'è una grande differenza fra vivere in città e vivere in campagna.
都市に住むのと田舎に住むのでは大きな違いがあります。

□ **difficoltà**《ディッフィコルタ》

女 難しさ，困難
Non dovresti incontrare molte difficoltà in questo

lavoro.
この仕事は君にはそう大変でないはずです。

□ **direttore**《ディレットーレ》

男 指導者，長（所長，部長など）
女 direttrice [ディレットリーチェ]
Il direttore mi ha chiamato per chiedermi di scrivere una lettera.
私に手紙を書いてくれるよう頼むため，部長は私を呼びました。

□ **direzione**《ディレツィオーネ》

女 方向，方針，指導
Se va in questa direzione, troverà la banca sulla sinistra.
この方向に進めば，左手に銀行が見えてきますよ。

□ **discorso**《ディスコルソ》

男 話，話題，演説
Sul giornale c'era il discorso del sindaco sul problema dell'inquinamento in città .
新聞には都市の汚染問題についての市長の談話が載っていました。
関連語 **fare un discorso** [ファーレ　ウン　ディスコルソ] 演説をする，**in discorso** [イン　ディスコルソ] 話題になっている

□ **discoteca**《ディスコテーカ》

女 ディスコ
Sabato sera vado in discoteca.
土曜の夜に私はディスコに行きます。

□ **disegno**《ディゼーニョ》

男 模様，デッサン，デザイン
Il disegno di questa stoffa è molto originale.
この布の模様はとても独特です。

□ **disoccupato**《ディスオックパート》 男 失業者 女 disoccupata [ディスオックパータ]

Purtroppo Maria è ancora disoccupata, ma continua a cercare lavoro.

残念ながらマリーアはまだ無職ですが，仕事を探し続けています。

□ **dito**《ディート》 男 指（複 le dita ▶女性形に変わります）

Mi sono fatto male a un dito.

私は指にけがをしました。

□ **ditta**《ディッタ》 女 会社

Questa ditta è abbastanza grande, ci lavorano un centinaio di persone.

この会社はかなり大規模です。ここでは百名ほどが働いています。

□ **dizionario**《ディツィオナーリオ》 男 辞書

Mi presti un momento il dizionario, per favore?

ちょっと君の辞書を貸してもらえませんか？

□ **doccia**《ドッチャ》 女 シャワー

Ho fatto una bella doccia e mi sento meglio.

さっぱりとシャワーを浴びたので，気分がよくなりました。

□ **documento**《ドクメント》 男 書類，資料，身分証明書

Deve portare questi documenti all’ufficio al terzo piano.

あなたはこの書類を 4 階（第 3 の階）のオフィスに持って行かなくてはなりません。

☐ **dolce**《ドルチェ》

男 菓子，ケーキ，デザート

Vorrei un dolce al cioccolato.

私はチョコレートのケーキが食べたいです。

☐ **dollaro**《ドッラロ》

男 ドル

Può cambiarmi in euro questi cento dollari?

この 100 ドルをユーロに換金してもらえますか？

☐ **dolore**《ドローレ》

男 痛み，苦しみ

Ho sentito un dolore acuto al braccio destro.

私は右腕に鋭い痛みを感じました。

☐ **domanda**《ドマンダ》

女 質問，要求

Posso fare una domanda?

質問をしてもいいですか？

☐ **domani**《ドマーニ》

男 明日

Domani è sabato, quindi non lavoriamo.

明日は土曜日ですから，私たちは仕事をしません。

☐ **donna**《ドンナ》

女 女性

Giovanna è una donna molto intelligente ed energica.

ジョヴァンナはとても知的でエネルギッシュな女性です。

☐ **dottore**《ドットーレ》

男 医者／学士 女 dottoressa [ドットレッサ]

Il dottore mi ha consigliato di fare un po' di attività fisica.

医者は私に少し運動するようにと勧めました。

☐ **dubbio**《ドゥッビオ》

男 疑い

Non sono sicura di aver capito: ho ancora qualche dubbio.

私は理解できたか自信がありません。まだいくつか疑問があります。

☐ **duomo**《ドゥオーモ》

男 ドゥオーモ（町で最も重要な教会；通常は大文字で書き始める（Duomo））

Dentro il Duomo potrete ammirare molte opere d’arte.

みなさんはドゥオーモの中で多くの芸術作品を鑑賞することができます。

e 039

☐ **eccezione**《エッチェッツィオーネ》

女 例外

Il plurale “uova” è un’eccezione.

複数形の “ uova ” は例外です。

☐ **economia**《エコノミーア》

女 経済

L’economia giapponese non è in buone condizioni.

日本経済はよい状況ではありません。

☐ **edicola**《エディーコラ》

女 新聞，雑誌の売店

Puoi andare all’edicola per comprare il giornale?

新聞を買いに売店へ行ってくれないかな？

☐ **edificio**《エディフィーチョ》

男 建物

Questo edificio antico adesso è un albergo.

この古い建物は今はホテルになっています。

☐ **educazione**
エドゥカツィオーネ

女 教育

L'educazione è una delle cose più importanti nella vita.

教育は人生で最も大切なことのひとつです。

☐ **elenco**
エレンコ

男 リスト

Ho bisogno dell' elenco dei clienti.

私は顧客リストが必要です。

名詞

☐ **e-mail**
イーメイル

女 Eメール，電子メール

Ti mando un'e-mail con la cartina per arrivare al ristorante. Va bene?

君にレストランまでの地図を付けたEメールを送るね。それでいいかな？

☐ **energia**
エネルジーア

女 エネルギー，活力

Franca è una persona piena d'energia.

フランカはエネルギーに溢れた人です。

☐ **entrata**
エントラータ

女 入り口

Dov'è l'entrata di quel palazzo?

あの建物の入り口はどこですか？

☐ **entusiasmo**
エントゥズィアーズモ

男 夢中になること，熱狂，歓喜

Alessandro, anche dopo la laurea, ha continuato gli studi con entusiasmo e con passione.

アレッサンドロは大学を卒業した後も，熱意と情熱をもって勉強を続けました。

☐ **erba**
エルバ

女 草，ハーブ

Per fare il pollo arrosto ci vogliono le erbe come

salvia e rosmarino.
ローストチキンを作るには，セージやローズマリーといったハーブが必要です。

☐ **errore**《エッローレ》

男 間違い
Tutti commettono errori.
すべての人が過ちを犯します。

☐ **esame**《エザーメ》

男 試験
Filippo esce poco perché deve prepararsi per un esame.
フィリッポがほとんど家から出ないのは，試験の準備をしなくてはならないからです。

☐ **esempio**《エゼンピオ》

男 例
Non capisci? Allora ti faccio un esempio.
わからない？　では，ひとつ例を挙げましょう。
関連語 **per esempio** [ペレゼンピオ], **ad esempio** [アデゼンピオ] 例えば

☐ **esercizio**《エゼルチーツィオ》

男 練習
Per imparare bene una lingua straniera gli esercizi di pronuncia sono importanti.
外国語を身につけるのに，発音の練習は大切です。

☐ **esperienza**《エスペリエンツァ》

女 経験
Questo viaggio in Cina sarà una bella esperienza.
この中国旅行は素晴らしい経験になるでしょう。

☐ **est**《エスト》

男 東（単複同形）
Chiba è a est di Tokyo.

千葉は東京の東にあります。

☐ **estate**
エスターテ

女 夏
Il tempo a Kyoto, d'estate, è molto caldo e umido.
夏の京都の天候は，とても暑くて湿度が高いのです。

☐ **estensione**
エステンスィオーネ

女 拡張，拡大，広がり
Questo vigneto ha un'estensione di molti ettari.
このワイン畑は何ヘクタールにもわたっています。

☐ **estero**
エステロ

男 外国／（all'estero）外国に，外国で
Yoshio ha studiato all'estero per due anni.
ヨシオは外国で２年間勉強しました。

☐ **età**
エタ

女 年齢
Puoi indovinare la mia età?
私の年を当てられるかな？

☐ **eurocity**
エウロスィティ

男 ユーロシティー（ヨーロッパの国々を結ぶ国際列車）
L'Eurocity è un treno molto veloce che collega varie città d'Europa.
ユーロシティーはヨーロッパの各都市を結ぶとても速い列車です。

f

040

☐ **fabbrica**
ファッブリカ

女 工場
Nel Nord Italia ci sono tante fabbriche.
北イタリアには工場がたくさんあります。

□ **faccia**《ファッチャ》

女 顔

Che faccia! È successo qualcosa?

何て顔色なの！　何かあったの？

□ **fama**《ファーマ》

女 名声

Quella signora è un'artista di fama.

あの女性は名高い芸術家です。

□ **fame**《ファーメ》

女 空腹

Ho fame da morire.

死ぬほどお腹がすいています。

□ **famiglia**《ファミッリャ》

女 家族

Marcello abita con la famiglia.

マルチェッロは家族と一緒に住んでいます。

□ **fango**《ファンゴ》

男 泥，ぬかるみ

Il bambino è tornato a casa tutto coperto di fango.

その子どもはすっかり泥だらけで家に帰ってきました。

□ **fantasia**《ファンタズィーア》

女 空想，想像

Per risolvere questo problema basta avere un po' di fantasia.

この問題を解決するには，ほんの少しの想像力があれば十分だ。

□ **farmacia**《ファルマチーア》

女 薬局

La farmacia all'angolo è aperta anche la domenica.

そこの角の薬局は日曜日でも営業している。

□ **favore**《ファヴォーレ》

男 好意／(per favore) お願いします

Mi puoi fare un favore, Paolo?

頼みをきいてくれないかな，パオロ。

Un biglietto per Roma, per favore.

ローマ行きの切符を 1 枚お願いします。

□ **fax**《ファックス》

男 ファックス

Mi mandi un fax con tutte le informazioni necessarie, per favore?

必要な情報が全部書いてあるファックスを私に送っていただけますか？

□ **fazzoletto**《ファッツォレット》

男 ハンカチ／(fazzoletto di carta) ティッシュペーパー

Hai un fazzoletto di carta?

ティッシュペーパーを持っていますか？

□ **febbre**《フェッブレ》

女 熱

Sono raffreddato e ho la febbre.

僕は風邪をひいて熱があるんだよ。

□ **fermata**《フェルマータ》

女 バス停，(市電などの) 駅

Ho fatto una corsa fino alla fermata dell'autobus.

僕はバス停まで走りました。

□ **ferrovia**《フェッロヴィーア》

女 鉄道

Questa merce si trasporta a Roma per ferrovia.

この貨物は鉄道でローマまで運ばれます。

□ **festa**

女 祝日，フェスティバル，祭り／パーティー／(dare una festa) パーティーを開く

Siccome ieri era festa nazionale non sono andata a scuola.
昨日は祝日だったので，私は学校に行きませんでした。
Sai che domani Maria dà una festa a casa sua?
明日マリーアが家でパーティーを開くの知ってる？

□ **fidanzato**《フィダンツァート》

男 ボーイフレンド，恋人（男性），婚約者（男性）
女 **fidanzata** [フィダンツァータ] ガールフレンド，恋人（女性）
Il fidanzato di Maria è tedesco.
マリアのボーイフレンドはドイツ人です。

□ **figlia unica**《フィッリャ　ウーニカ》

女 ひとりっ子（女）
Laura è figlia unica.
ラウラはひとりっ子です。

□ **figlio unico**《フィッリョ　ウーニコ》

男 ひとりっ子（男）
Non volevo essere figlio unico. Volevo un fratello.
僕はひとりっ子ではいたくありませんでした。弟が欲しかったのです。

□ **figura**《フィグーラ》

女 姿，人物像
La figura al centro rappresenta Venere.
真ん中にいる人物はヴィーナスを表しています。
関連語 **fare bella (brutta) figura** [ファーレ　ベッラ（ブルッタ）フィグーラ] 好（悪）印象を与える

□ **film**《フィルム》

男 映画（単複同形）
La settimana scorsa ho visto un bellissimo film.
先週，私はとてもおもしろい映画を見ました。

□ **fine settimana**《フィーネ　セッティマーナ》　男 女 週末（男性形で使われることが多い）

Abbiamo passato il fine settimana al mare.

私たちは週末を海で過ごしました。

□ **finestra**《フィネストラ》　女 窓

Posso aprire la finestra?

窓を開けていいですか？

□ **fiore**《フィオーレ》　男 花

Giorgio ha regalato un mazzo di fiori alla sua fidanzata.

ジョルジョはガールフレンドに花束をプレゼントしました。

□ **firma**《フィルマ》　女 署名，サイン

Può mettere una firma qui, per favore?

ここにサインをお願いできますか？

□ **foglio**《フォッリョ》　男（1枚の）紙，薄板

Hai un foglio di carta?

紙を 1 枚持っていますか？

□ **fondo**《フォンド》　男 底，突きあたり

In fondo al corridoio c'è la camera da letto.

廊下の突きあたりにベッドルームがあります。

□ **forbice**《フォルビチェ》　女（複数形で）はさみ

Mi dai le forbici, per favore?

はさみをとってくれませんか？

□ **forchetta**《フォルケッタ》　女 フォーク

Mi può portare una forchetta, per favore?

名詞

フォークを持ってきてもらえませんか？

□ **formaggio**《フォルマッジョ》

男 チーズ

La mozzarella è un formaggio prodotto in Italia.

モッツァレッラはイタリアで生産されるチーズです。

□ **forno**《フォルノ》

男 オーブン，釜

Questo pane è appena uscito dal forno.

このパンは焼きたてです。

□ **fortuna**《フォルトゥーナ》

女 運，幸運

Ho dimenticato il portafoglio, ma per fortuna avevo dei soldi in tasca!

私は財布を忘れましたが，運よくポケットにお金を持っていました。

Buona fortuna!

幸運がありますように！

□ **forza**《フォルツァ》

女 力，強さ

Domenico non aveva più la forza di parlare.

ドメニコはもう話す力がありませんでした。

□ **foto**《フォート》

女 写真（fotografiaの省略形で無変化）

Ho fatto molte foto quando ero in Italia.

イタリアにいた時，私は写真をたくさん撮りました。

□ **fotografo**《フォトーグラフォ》

男 カメラマン，写真家

Michele ha sempre sognato di diventare fotografo.

ミケーレはずっとカメラマンになることを夢見ていました。

□ **foulard**《フラール》 男 スカーフ（単複同形）

Gianna si mette un foulard blu sulle spalle.

ジャンナは青いスカーフを肩にかけています。

□ **fragola**《フラーゴラ》 女 イチゴ

Per dessert vorrei fragole con gelato.

デザートにはイチゴのジェラート添えをいただきたいです。

□ **francese**《フランチェーゼ》 男 フランス人（男性），フランス語 女 フランス人（女性）

Paolo sa parlare il francese.

パオロはフランス語を話せます。

Quella francese è molto simpatica.

あのフランス人の女性はとても感じがよいです。

□ **francobollo**《フランコボッロ》 男 切手

Vorrei un francobollo da 2 euro.

2 ユーロの切手を 1 枚ほしいのですが。

□ **fratello**《フラテッロ》 男 兄弟，兄，弟

Ho un fratello più grande.

私には兄が一人います。

□ **frigorifero**《フリゴリーフェロ》 男 冷蔵庫

La birra è in frigorifero, prendila!

ビールが冷蔵庫に入っているよ。どうぞ飲んで！

□ **fronte**《フロンテ》 女 額，顔，正面

Gli ho toccato la fronte e ho capito che aveva la febbre.

彼の額をさわると，熱があることがわかりました。

□ **frutta**《フルッタ》 女 果実，フルーツ（複数形は無変化，または-e）

Prendo frutta di stagione.

季節のフルーツの盛り合わせをいただきます。

□ **fruttivendolo**《フルッティヴェンドロ》 男 青果店，八百屋（店主）

Questo fruttivendolo ha della frutta buonissima.

この八百屋さんにはたいへんおいしい果物があります。

□ **fumatore**《フマトーレ》 男 喫煙者 女 fumatrice [フマトリーチェ]

Non ci sono più le aree per fumatori qui.

ここにはもう喫煙エリアはありません。

□ **fumetto**《フメット》 男 マンガ

I fumetti giapponesi piacciono molto ai ragazzi italiani.

イタリア人の若者は日本のマンガが大好きです。

□ **fuoco**《フオーコ》 男 火，火事

Al fuoco!

火事だ！

□ **futuro**《フトゥーロ》 男 未来，将来

In futuro ho intenzione di studiare un anno in Italia.

将来，私はイタリアで 1 年間勉強をするつもりです。

g

041

□ **gamba**《ガンバ》 女 足

Ho camminato così tanto che mi fanno male le

gambe.
たくさん歩いたので脚が痛いです。

参考 **così ~ che ...**　とても～なので…

関連語 **in gamba** [イン　ガンバ] 優秀な，有能な

☐ **gatto**
ガット

男 猫

Isabella ha un gatto molto carino.
イザベッラはとてもかわいい猫を飼っています。

☐ **genere**
ジェーネレ

男 種類

Il genere di musica che mi piace di più è la musica classica.
私の好きな音楽のジャンルはクラシックです。

☐ **gente**
ジェンテ

女 人々

C’è sempre tanta gente alla posta e bisogna aspettare parecchio tempo.
郵便局にはいつも大勢の人がいて，かなり待つ必要があります。

▶ gente の意味は複数ですが，文法的にはいつも単数扱いなので注意が必要です。

☐ **giacca**
ジャッカ

女 ジャケット

Questa giacca sta bene con questi pantaloni, vero?
このジャケットはこのズボンと合いますよね？

☐ **giardino**
ジャルディーノ

男 庭

Il giardino in primavera è pieno di fiori.
春の庭は花でいっぱいです。

☐ **ginocchio**《ジノッキオ》

男 ひざ（複 i ginocchi;「両ひざ」の意味ではle ginocchia）

Sono caduto e mi sono fatto male a un ginocchio.

私は転んで片方のひざにけがをしました。

関連語 **in ginocchio** [イン　ジノッキオ] ひざまずいて

☐ **giocatore**《ジョカトーレ》

男 選手 女 giocatrice [ジョカトリーチェ]

I giocatori erano felici per il risultato della partita.

選手たちは試合の結果に喜んでいました。

☐ **giornale**《ジョルナーレ》

男 新聞

Hai comprato il giornale?

君は新聞を買いましたか？

☐ **giornata**《ジョルナータ》

女 1日，昼間

Abbiamo passato una bellissima giornata al mare.

私たちは海で素敵な1日を過ごしました。

☐ **giorno**《ジョールノ》

男 日，一昼夜，日中

Che giorno (della settimana) è oggi?

今日は何曜日ですか？

☐ **giro**《ジーロ》

男 1周／（andare in giro）歩き回る，散策する

Proviamo ad andare un po’ in giro e vediamo se riusciamo a trovare un regalo adatto.

ちょっと回ってみて，ぴったりのプレゼントが見つかるかどうか探してみましょう。

☐ **gita**《ジータ》

女 小旅行

La scuola di lingua ha organizzato una gita ad Assisi.

語学学校はアッシージへの小旅行を企画しました。

[関連語] **fare una gita** [ファーレ　ウナ　ジータ] 小旅行をする

□ **gola**《ゴーラ》

[女] のど

Oggi ho un mal di gola terribile, non riesco a parlare.

今日，私はのどがとても痛いです。話すことができません。

□ **golf**《ゴルフ》

[男]（長袖の）カーディガン／（スポーツの）ゴルフ（単複同形）

Questo golf è di cashmire, è molto bello ed elegante.

このカーディガンはカシミヤです。とても素敵で上品です。

Mio padre gioca a golf una volta al mese.

父は月に1回ゴルフをします。

□ **gonna**《ゴンナ》

[女] スカート

Francesca ieri aveva una gonna lunga molto elegante.

フランチェスカは昨日，とても上品なロングスカートをはいていました。

□ **grammatica**《グランマーティカ》

[女] 文法

La grammatica a volte è un po’ difficile da capire.

文法はときには理解するのが難しいです。

□ **grandezza**《グランデッツァ》

[女] 大きさ

La grandezza di questa stanza è sufficiente per farci lo studio.

この部屋の大きさは，私たちの書斎を作るのに十分です。

☐ **guanto**《グアント》

男 （主に複数形guantiで）手袋

Hai visto i miei guanti? Non li trovo.

私の手袋を見たかい？　見つからないんだよ。

i　042

☐ **idea**《イデーア》

女 考え，アイディア，案

Mi è venuta una buona idea.

いい考えを思いつきました。

☐ **ieri**《イエーリ》

男 昨日

Sono tornata dall'Italia ieri.

私は昨日イタリアから帰ってきました。

☐ **ignoranza**《イニョランツァ》

女 無知

Molte persone parlano senza conoscere i problemi: dovrebbero invece riconoscere la propria ignoranza e informarsi meglio.

多くの人はこれらの問題について何も知らずに話をしています。彼らは自分が無知であることを認識して，もっとよく調べるべきです。

☐ **impegno**《インペーニョ》

男 約束，用事，熱意

Oggi pomeriggio ho un impegno.

私は今日の午後は用事があるんだ。

Se studi con impegno, farai un ottimo esame.

君が真剣に勉強すれば，試験は万全でしょう。

☐ **impiegato**《インピエガート》 **男** 会社員（男性），従業員，職員
女 impiegata [インピエガータ] 会社員（女性），OL
Che lavoro fa? — Sono impiegato.
何の仕事をしていますか？
— 私は会社員です。

☐ **impressione**《インプレッスィオーネ》 **女** 印象
Che impressione ha avuto del Giappone?
日本に関して，どんな印象を受けましたか？

☐ **incendio**《インチェンディオ》 **男** 火事
C’è stato un incendio vicino a casa mia.
私の家の近くで火事がありました。

☐ **incidente**《インチデンテ》 **男** 事故
Sai che Mario ha avuto un incidente stradale?
マリオが交通事故にあったことを知っていたかい？

☐ **incrocio**《インクローチョ》 **男** 交差点
Giriamo a sinistra al prossimo incrocio!
次の交差点を左に曲がりましょう！

☐ **indirizzo**《インディリッツォ》 **男** 住所，アドレス
Puoi darmi il tuo indirizzo?
君の住所を教えてくれるかい？

☐ **industria**《インドゥストゥリア》 **女** 産業
In Italia l’industria della moda è molto importante.
イタリアではファッション産業はとても重要です。

☐ **infermiere**《インフェルミエーレ》 **男** 看護師　**女** infermiera [インフェルミエーラ]
Mio figlio è infermiere.

私の息子は看護師です。

□ **influenza**《インフルエンツァ》 女 影響，インフルエンザ

L'influenza dell'inglese sul giapponese è molto forte.

英語の日本語への影響はたいへんに強いです。

□ **informazione**《インフォルマツィオーネ》 女 情報，インフォメーション

Posso chiedere un'informazione?

ちょっとうかがってもいいですか？

□ **ingegnere**《インジェニェーレ》 男 技術者，エンジニア，工学士

Dopo la laurea Marco è diventato ingegnere.

大学を卒業した後，マルコはエンジニアになりました。

□ **inglese**《イングレーゼ》 男 イギリス人（男性），英語 女 イギリス人（女性）

Gli inglesi vanno spesso in Italia durante le vacanze.

バカンスの期間にイギリス人はよくイタリアへ行きます。

Se sai l'inglese puoi comunicare in tutto il mondo.

英語がわかれば，あなたは世界中で意志の疎通ができます。

□ **ingresso**《イングレッソ》 男 入り口

C'era tanta gente all'ingresso.

入り口にはたくさんの人がいました。

関連語 **ingresso libero** [イングレッソ　リーベロ] 入場無料

☐ **inizio**《イニーツィオ》 男 最初，開始

All’inizio del mese prossimo parto per l’Italia.

来月早々にイタリアへ出発します。

☐ **inno**《インノ》 男 賛歌，賛美歌／（inno nazionale）国歌

Quando è stato suonato l’inno nazionale, gli atleti si sono commossi.

国歌が鳴り響いたとき，陸上の選手たちは感動しました。

☐ **inquinamento**《インクイナメント》 男 汚染

L’inquinamento dell'aria è un problema molto serio.

大気汚染はとても深刻な問題です。

☐ **insalata**《インサラータ》 女 サラダ

Di solito condisco l’insalata con olio e aceto.

いつも私はオリーブオイルと酢でサラダの味つけをします。

☐ **insegnante**《インセニャンテ》 男女 教師

Mio padre è insegnante di francese.

私の父はフランス語の教師です。

☐ **intenzione**《インテンツィオーネ》 女 意図／（avere intenzione di ...）～するつもりだ

Che intenzione hai?

どういうつもりなんだい？

Ho intenzione di partire domani.

私は明日出発するつもりです。

名詞

□ **interprete**《インテルプレテ》　男 女 通訳，（舞台の）出演者

Mia figlia fa l'interprete.

私の娘は通訳をしています。

□ **inverno**《インヴェルノ》　男 冬

Questo inverno sarà molto freddo.

今年の冬はたいへん寒くなるでしょう。

□ **invito**《インヴィート》　男 招待状，招待

Ho ricevuto l'invito al matrimonio di Giovanna e Franco.

私はジョヴァンナとフランコの結婚式への招待状を受け取りました。

□ **iscrizione**《イスクリツィオーネ》　女 登録，入会，入学

Ha la ricevuta della tassa di iscrizione al corso?

入学金の領収書はお持ちですか？

□ **isola**《イーゾラ》　女 島

Ho trascorso le vacanze su un'isola greca.

私はギリシャの島でバカンスを過ごしました。

□ **italiano**《イタリアーノ》　男 イタリア人（男性），イタリア語

女 **italiana** [イタリアーナ] イタリア人（女性）

Molti italiani prendono il caffè al bar.

多くのイタリア人がバールでコーヒーを飲みます。

l　043

□ **ladro**《ラードゥロ》　男 泥棒

Il ladro è entrato in casa quando non c'era nessuno.

留守にしているときに，泥棒が家に入りました。

☐ **lago**
ラーゴ

男 湖
Abbiamo fatto una gita al lago sabato scorso.
私たちは先週の土曜日に湖に遠足に出かけました。

☐ **lampada**
ランパダ

女 電球，照明器具
La lampada sul comodino è rotta!
ナイトテーブルの照明が壊れたよ！

☐ **lana**
ラーナ

女 羊毛，ウール
Questo maglione di lana è molto caldo.
このウールのセーターはとても暖かいです。

☐ **lato**
ラート

男 側面，側
Sul lato sinistro della casa c’è un posto per la macchina.
家の左側には，駐車用のスペースがあります。

☐ **latte**
ラッテ

男 牛乳，ミルク
Metti un po’ di latte nel caffè?
君はコーヒーに少しミルクを入れる？

☐ **lattina**
ラッティーナ

女 缶
Mi dà una lattina di birra, per favore?
缶ビールを 1 本いただけますか？

☐ **lavoro**
ラヴォーロ

男 仕事
Questo è un lavoro molto importante, fallo con attenzione.
これはとても重要な仕事です。注意してやりなさい。

□ **legno**《レーニョ》

男 木材，木切れ

Il legno di questa libreria è molto pregiato.

この本棚の木材はとても高級です。

□ **lettera**《レッテラ》

女 手紙／（複数形 lettere で）文学

Questa lettera mi è arrivata ieri mattina, ma non l’ho ancora aperta.

この手紙は昨日の朝，私のもとに届きましたが，まだ開封していません。

□ **letteratura**《レッテラトゥーラ》

女 文学，文芸

Mi interessa molto la letteratura italiana, soprattutto quella moderna.

私はイタリアの文学，とくに近代文学にとても興味があります

□ **letto**《レット》

男 ベッド／（andare a letto）就寝する

Sono stanchissima, vado subito a letto.

私はとても疲れているの。すぐに寝るわ。

□ **lettura**《レットゥーラ》

女 読書

La lettura è un buon esercizio per imparare nuovi vocaboli.

読書は新しい語彙を覚えるよい訓練になります。

□ **lezione**《レッツィオーネ》

女 授業，レッスン

Il mio cellulare ha cominciato a suonare durante la lezione! Mi ero dimenticato di spegnerlo!

私の携帯電話が授業中に鳴り始めました！　電源を消すのを忘れていたのです！

□ **libertà**《リベルタ》

女 自由

Hai la libertà di scegliere quello che preferisci.

君には好きなものを選ぶ自由があります。

□ **libro**《リーブロ》

男 本

Tutti i libri di Camilleri sono dei successi.

カミッレーリの本はすべてヒット作です。

関連語 **libreria** [リブレリーア] 女 書店／本棚

□ **liceo**《リチェーオ》

男 高校

Ho frequentato il liceo a Roma, ma ho fatto l'università a Firenze.

私はローマの高校に通いましたが，大学はフィレンツェに行きました。

□ **limone**《リモーネ》

男 レモン

Un tè al limone, grazie.

レモンティーを1杯ください。

□ **linea**《リーネア》

女 線，（鉄道などの）路線，（電話の）回線

Questa linea della metropolitana parte dalla periferia e arriva nel centro della città.

この地下鉄の路線は郊外から出発して，町の中心まで通っています。

□ **lingua**《リングア》

女 舌／言語

La lingua italiana è abbastanza difficile, ma è molto piacevole da ascoltare.

イタリア語はかなり難しいですが，耳で聞くととても心地よい響きがします。

□ **liquore**《リクオーレ》

男 リキュール，蒸留酒

Vuole un liquore? — Sì, volentieri.

リキュールはいかがですか？

— はい，よろこんで（いただきます）。

□ **litro**《リートゥロ》

男 リットル

Una bottiglia di acqua minerale da un litro, per favore.

1リットルボトルのミネラルウォーターをください。

□ **livello**《リヴェッロ》

男 レベル，水準

Il livello degli studenti di questa classe è molto alto.

このクラスの生徒のレベルはとても高いです。

□ **luce**《ルーチェ》

女 光，明かり，電気

Accendi la luce, per favore.

電気をつけてください。

□ **luna**《ルーナ》

女（天体の）月

Stasera c'è la luna piena.

今夜は満月です。

□ **luogo**《ルオーゴ》

男 場所

Molti turisti visitano questo luogo per il panorama.

多くの観光客がこの場所の眺望を目当てに訪れます。

m 044

□ **macchina**《マッキナ》

女 機械，自動車

I signori Rossi hanno comprato una nuova macchina.
ロッスィ夫妻は新しい車を買いました。
関連語 **macchina fotografica** [マッキナ　フォトグラーフィカ]
カメラ

□ **madre**《マードレ》

女 母親
Mia madre cucina benissimo.
私の母は料理がたいへん上手です。

□ **maestro**《マエストロ》

男 師匠，親方，名人，小学校の先生
女 maestra [マエストラ]
Ha imparato l'arte del cesello dal maestro.
彼は彫金をその先生に習いました。

□ **maglia**《マッリャ》

女 編み目，編み物，ニット
A mia nonna piace lavorare a maglia.
私の祖母は編み物が好きです。

□ **maglietta**《マッリエッタ》

女 Tシャツ
Fa caldo, mi metterò una maglietta leggera.
暑いね。薄手のTシャツを着ることにするよ。

□ **maglione**《マッリョーネ》

男 セーター
Perché non ti metti il maglione? Fa freddo fuori.
セーターを着たらどうだい？　外は寒いよ。

□ **maiale**《マイアーレ》

男 豚，ポーク
Oggi per cena ho preparato arrosto di maiale.
今日は夕食にローストポークを作りました。

□ **malattia**
マラッティーア

女 病気
Nonostante i progressi della medicina esistono ancora malattie incurabili.
医学の進歩にもかかわらず，不治の病はまだ存在します。

□ **male**
マーレ

男 悪，痛み／（avere mal di ...）～が痛い
Siccome ho bevuto troppo ieri, stamattina ho mal di testa.
昨日飲み過ぎたので，今朝は頭が痛い。

□ **mancanza**
マンカンツァ

女 不足，欠乏
Sento la mancanza dell'Italia.
私はイタリアが恋しいです。

□ **manica**
マニカ

女 袖
Vorrei una camicia a maniche corte.
半袖のシャツが欲しいのですが。

□ **mano**
マーノ

女 手（複 le mani）
Mamma, hai bisogno di una mano?
ママ，手伝おうか？

□ **mare**
マーレ

男 海
Sabato andiamo al mare. Vieni anche tu?
土曜日に僕たちは海に行くんだ。君も来るかい？

□ **marito**
マリート

男 夫
Il marito di Claudia lavora in banca.
クラウディアの夫は銀行に勤めています。

☐ **matematica** 女 数学，算数
マテマーティカ
Sono brava in matematica.
私は数学が得意です。

☐ **matita** 女 鉛筆
マティータ
Prendo appunti con la matita.
私は鉛筆でメモを取ります。

☐ **matrimonio** 男 結婚
マトリモーニオ
Oggi è il nostro anniversario di matrimonio.
今日は私たちの結婚記念日です。

☐ **mattina** 女 朝
マッティーナ
Ogni mattina mi alzo alle otto.
毎朝私は 8 時に起きます。

☐ **mazzo** 男 束
マッツォ
Sandro mi ha regalato un mazzo di fiori.
サンドロは私に花束をプレゼントしてくれました。

☐ **meccanico** 男 自動車整備工
メッカーニコ
Ho portato la macchina dal meccanico.
僕は車を整備工のところにもっていきました。

☐ **medicina** 女 薬
メディチーナ
Mio padre prende una medicina dopo i pasti.
私の父は食後に薬を飲みます。

☐ **medico** 男 医者
メーディコ
Il medico mi ha detto di riposarmi un po’.
医者は私に少し休むように言いました。

☐ **mela**《メーラ》

女 りんご

Questa mela è andata a male.

このリンゴは腐っています。

☐ **melone**《メローネ》

男 メロン

Come antipasto, prosciutto e melone va bene?

前菜は生ハムとメロンでいいですか？

☐ **memoria**《メモーリア》

女 記憶

Lei ha una buona memoria.

彼女は記憶力がよいです。

関連語 **imparare a memoria** [インパラーレ　ア　メモーリア]

暗記する

☐ **mensa**《メンサ》

女（会社，大学などの）食堂

Quando ero studente mangiavo spesso alla mensa.

学生時代，よく学校の食堂で食べていました。

☐ **menù**《メヌ》

男 メニュー

Posso avere il menù, per favore?

メニューをもらえますか？

☐ **mercato**《メルカート》

男 市場，マーケット

Sono andata al mercato del pesce.

私は魚市場に行きました。

☐ **merce**《メルチェ》

女 商品

Al mercato la merce costa meno che nei negozi.

市場では商品の値段がふつうの店より安いです。

☐ **mese**《メーゼ》

男（暦の）月

Il mese scorso ho visto tre film italiani.

先月，私は3本のイタリア映画を見ました。

☐ **messaggio**《メッサッジョ》　男 メッセージ，伝言

Posso lasciare un messaggio al signor Perini?

ペリーニさんに伝言をお願いしてもいいですか？

☐ **metà**《メタ》　女 半分

Facciamo a metà di questa pizza?

私たちはこのピザを半分にしましょうか？

☐ **mezzanotte**《メッヅァノッテ》　女 午前0時，深夜

Mio padre è tornato a casa a mezzanotte.

父は深夜に帰宅しました。

☐ **mezzo**[1]《メッヅォ》　男 半分，中央，半，30分 女 mezza [メッヅァ]

Più di un mezzo del ricavato viene usato come affitto.

儲けの半分以上が家賃として使われます。

Prendo il treno delle otto e mezza.

私は8時半の電車に乗ります。

☐ **mezzo**[2]《メッヅォ》　男 手段

Per arrivare in centro da qui si possono usare vari mezzi di trasporto.

ここから中心街へ行くのに，いろんな交通手段が使えます。

☐ **mezzogiorno**《メッヅォジョールノ》　男 正午

Ci vediamo a mezzogiorno davanti alla scuola.

正午に学校の前で会いましょう。

名詞

☐ **minestra**
ミネストラ

女 (具の入った)スープ
La minestra non mi piace.
私はスープが好きではありません。

☐ **minuto**
ミヌート

男 分
Mancano cinque minuti alle dieci.
10 時 5 分前です。

☐ **misura**
ミズーラ

女 サイズ，寸法，大きさ
Che misura porta?
サイズはおいくつですか？

☐ **mobile**
モービレ

男 家具
Non c’è bisogno di comprare i mobili, l’appartamento è ammobiliato.
家具を買う必要はありません。マンションには家具がついていますから。

☐ **moda**
モーダ

女 ファッション，流行
Il beige è di moda quest’autunno.
ベージュは今年の秋の流行色です。

☐ **modello**
モデッロ

男 モデル，型
Queste scarpe mi piacciono molto, ma vorrei vedere anche altri modelli.
私はこの靴がとても気に入っていますが，ほかの形のものも見てみたいです。

☐ **modo**
モード

男 方法，やり方
Non mi piace il suo modo di pensare.
私は彼の考え方は好きではありません。

□ **modulo**《モードゥロ》

男 所定の用紙，書式

Deve riempire questo modulo.

あなたはこの書式に記入しないといけません。

□ **moglie**《モッリェ》

女 妻

Vorrei presentarLe mia moglie.

あなたに私の妻を紹介したいのですが。

□ **momento**《モメント》

男 瞬間，時期，機会

Ti richiamo fra un momento.

少ししたら，あなたに電話をかけ直します。

Un momento, per favore.

少々お待ちください。

□ **mondo**《モンド》

男 世界，業界

La notizia ha fatto il giro del mondo.

そのニュースは世界中に広まりました。

□ **moneta**《モネータ》

女 コイン

Hai una moneta da un euro?

1ユーロ硬貨を持ってる？

□ **montagna**《モンターニャ》

女 山

Le mie sorelle sono andate in montagna a sciare.

私の姉たちは山へスキーをしに行きました。

□ **mostra**《モストラ》

女 展覧会，展示会

I miei genitori hanno visitato la mostra di arte italiana.

私の両親はイタリア美術の展覧会に行きました。

☐ **motivo**《モティーヴォ》

男 動機，理由

Per quale motivo mi dici una cosa del genere?

どういった理由であなたは私にそんなことを言うのですか？

☐ **moto**《モート》

女 オートバイ（motociclettaの省略形で無変化）

Vado in ufficio con la moto.

私はオートバイで会社に行きます。

☐ **movimento**《モヴィメント》

男 動き，運動

Faccio poco movimento.

私は運動不足です。

Milano è una città piena di movimento.

ミラノは活気にあふれる町です。

☐ **mozzicone**《モッツィコーネ》

男（切り取られたり，焼けたりして）残った物，吸い殻

Gettare i mozziconi di sigaretta per la strada è cattiva educazione.

吸い殻を道に投げ捨てるのはマナーが悪いです。

☐ **muro**《ムーロ》

男 壁，塀

Sul muro del soggiorno c’è un ritratto.

リビングの壁には肖像画が１枚あります。

☐ **museo**《ムゼーオ》

男 美術館，博物館

Questo museo apre alle nove e chiude all’una.

この美術館は９時に開いて，１時に閉まります。

☐ **musica**《ムーズィカ》

女 音楽

Che tipo di musica ti piace? — La musica classica.

どんな音楽が好きですか？
— クラシック音楽です。

n 045

名詞

☐ **Natale**《ナターレ》

男 クリスマス

Si festeggia il Natale anche in Giappone?

日本でもクリスマスを祝うのですか？

☐ **natura**《ナトゥーラ》

女 自然／（per natura）生まれつき

Mi piace camminare in mezzo alla natura.

私は自然の中を歩くのが好きです。

☐ **nave**《ナーヴェ》

女 船

Siamo andati in Grecia con la nave.

私たちは船でギリシャへ行きました。

☐ **nazionalità**《ナツィオナリタ》

女 国籍

Di che nazionalità sei? — Sono giapponese.

あなたの国籍はどこですか？
— 私は日本人です。

☐ **nebbia**《ネッビア》

女 霧

In questa zona la sera c'è spesso molta nebbia.

この地域には夜になると濃い霧が出ます。

☐ **negozio**《ネゴーツィオ》

男 店

Rosanna lavora in un negozio di abbigliamento.

ロザンナは洋品店で働いています。

☐ **neve**《ネーヴェ》

女 雪

Ieri in montagna è caduto un metro di neve.

昨日山間部では1メートルの雪が積もりました。

□ **nipote**《ニポーテ》

男 女 甥，姪，孫

Il signor Contini ha due nipoti.

コンティーニさんには2人の孫がいます。

□ **nome**《ノーメ》

男 名前

Al cane hanno dato il nome Rudy.

その犬はルディーと名づけられました。

□ **nonno**《ノンノ》

男 祖父，おじいさん 女 nonna [ノンナ] 祖母，おばあさん 複 nonni [ノンニ] 祖父母

Il nonno raccontava una storia ai nipotini.

そのおじいさんは，孫たちに物語を聞かせてやりました。

□ **nord**《ノルド》

男 北

A nord dell'Italia c'è la Svizzera.

イタリアの北にスイスがあります。

□ **nostalgia**《ノスタルジーア》

女 感傷，ノスタルジー

Sento la nostalgia dell'Italia.

イタリアが懐かしく感じられます。

□ **nota**《ノータ》

女 メモ

Sì, un momento, prendo nota. Può ripetere il suo numero di telefono, per favore?

はい，少々お待ちください。メモを取りますから。もう一度，そちらの電話番号をおっしゃっていただけますか？

- [ ] **notizia**《ノティツィア》

  女 知らせ，ニュース

  La notizia si è sparsa subito in tutto il mondo.

  そのニュースはすぐに世界中に広まりました。

- [ ] **notte**《ノッテ》

  女 夜

  La pioggia è continuata tutta la notte.

  雨は一晩中降り続きました。

- [ ] **nozze**《ノッツェ》

  女（複数形で）結婚式，婚姻

  In Italia le nozze si celebrano in chiesa o in comune.

  イタリアでは結婚式は教会か市庁舎で行われます。

- [ ] **numero**《ヌーメロ》

  男 数，数字

  Qual è il Suo numero di telefono?

  あなたの電話番号は何番ですか？

- [ ] **nuvola**《ヌーヴォラ》

  女 雲

  Il cielo è coperto di nuvole.

  空は雲で覆われています。

O

046

- [ ] **occasione**《オッカズィオーネ》

  女 機会，チャンス

  Oggi non ho avuto occasione di vedere Mauro, lo chiamerò stasera.

  今日私はマウロに会う機会がありませんでした。今夜彼に電話をするつもりです。

- [ ] **occhiali**《オッキアーリ》

  男（複数形のみ）眼鏡

  Mia nonna porta gli occhiali.

私の祖母は眼鏡をかけています。

☐ **occhio**《オッキオ》

男 目

Maria ha gli occhi azzurri.

マリアは青い目をしています。

☐ **odore**《オドーレ》

男 匂い

Sento odore di bruciato.

こげくさい匂いがします。

☐ **officina**《オッフィチーナ》

女 作業場，修理工場

Ho portato la macchina in officina perché faceva un rumore strano.

私は車を修理工場に持っていきました。なぜなら変な音がしていたからです。

☐ **oggetto**《オッジェット》

男 物，対象

È meglio depositare gli oggetti preziosi alla reception.

貴重品はフロントに預けた方がよいです。

関連語 **ufficio oggetti smarriti** [ウフィーチョ オッジェッティ スマッリティ] 遺失物保管所

☐ **oggi**《オッジ》

男 今日，現代

Oggi è il compleanno di Gianna.

今日はジャンナの誕生日です。

☐ **olio**《オーリオ》

男 オイル，オリーブオイル，油

È meglio aggiungere un po’ di olio.

オリーブオイルを少々加えた方がいいでしょう。

☐ **oliva**《オリーヴァ》

女 オリーブの実

L'insalata si condisce con sale, pepe, aceto e olio d'oliva.

サラダは塩，こしょう，酢とオリーブオイルで味つけします。

☐ **ombrello**《オンブレッロ》

男 傘

Porto l'ombrello perché secondo le previsioni del tempo pioverà.

天気予報によれば，雨が降るそうだから，私は傘を持っていきます。

☐ **opera**《オペラ》

女 作品

Negli Uffizi ci sono tante famose opere d'arte rinascimentale.

ウフィッツィ美術館にはルネサンス芸術のたくさんの有名な作品があります。

関連語 **opera lirica** [オペラ　リーリカ] オペラ，歌劇

☐ **operaio**《オペライオ》

男 工員，労働者　女 operaia [オペライア]

Mio padre è un operaio della FIAT.

私の父はフィアットの工員です。

☐ **opinione**《オピニオーネ》

女 意見，考え

Rispetto la tua opinione, ma non sono d'accordo.

僕は君の意見を尊重するが，賛成はしない。

☐ **ora**《オーラ》

女 時間

Di solito a che ora pranzi?

普段，君は何時に昼食をとるの？

☐ **orario**
オラーリオ

男 時刻表，時間割

Ho consultato l'orario alla stazione.

私は駅で時刻表を調べました。

☐ **orchestra**
オルケストラ

女 オーケストラ

Quel direttore d'orchestra è famoso in tutto il mondo.

そのオーケストラの指揮者は世界中で有名です。

☐ **ordine**
オルディネ

男 順番，秩序，注文，命令／(mettere in ordine ...) ～を片付ける，～を整頓する

Il cameriere ha preso nota dell'ordine.

ウエーターは注文をメモしました。

Devo mettere in ordine la mia camera.

私は部屋を片づけなければなりません。

☐ **orecchio**
オレッキオ

男 耳(複 gli orecchi，le orecchie)

Non ho orecchio per la musica.

私は音痴です。(＝音楽に対する耳を持っていません)

☐ **orientamento**
オリエンタメント

男 方向づけ，方位，方角

Non ho molto senso dell'orientamento, senza cartina mi perdo subito.

私は方向感覚があまりよくありません。地図がないとすぐに道に迷ってしまいます。

☐ **oro**
オーロ

男 金，金色

Questo anello è d'oro.

この指輪は金製です。

☐ **orologio**
オロロージョ

男 時計

Che ore sono? — Mi dispiace, non ho l’orologio.
いま何時ですか？
— すみません，時計を持っていないんです。

☐ **ospedale**《オスペダーレ》

[男] 病院

Sono andato all’ospedale per vedere un amico ammalato.
病気の友人のお見舞いに，僕は病院に行きました。

☐ **ospite**《オスピテ》

[男][女] お客

Abbiamo tanti ospiti stasera.
今晩はたくさんのお客さんが来ます。

☐ **ovest**《オヴェスト》

[男] 西

Torino si trova a ovest di Milano.
トリノはミラノの西にあります。

p ························ 047

☐ **pacco**《パッコ》

[男] 荷物

Vorrei mandare questo pacco per via aerea.
この小包を航空便で送りたいのですが。

☐ **pace**《パーチェ》

[女] 平和

La pace è la cosa più importante per l’umanità.
平和は人類にとって最も大切なことです。

☐ **padella**《パデッラ》

[女] フライパン

Friggete le verdure in padella.
フライパンで野菜を炒めてください。

☐ **padre**《パードレ》

男 父親

Mio padre ha cominciato a lavorare quando ha finito l'università.

私の父は大学を終えてから，仕事を始めました。

☐ **padrone**《パドローネ》

男 主人，あるじ，持ち主 女 padrona [パドローナ]

Il nostro padrone di casa abita alla periferia di Milano.

私たちの家主はミラノの郊外に住んでいます。

☐ **paesaggio**《パエザッジョ》

男 景色，風景，風景画

Il paesaggio della costa amalfitana è bellissimo.

アマルフィ海岸の景色はたいへん美しい。

☐ **paese**《パエーゼ》

男 国，村，故郷

Ogni paese ha i suoi costumi.

それぞれの国に固有の風習があります。

☐ **pagina**《パージナ》

女 ページ

Ragazzi, aprite il libro e leggete a pagina 25!

みなさん，本を開いて，25 ページを読んでください！

☐ **paio**《パイオ》

男 対，1組（複 paia）

In Italia ho comprato un paio di guanti e due paia di scarpe.

私はイタリアで手袋一揃いと靴 2 足を買いました。

☐ **palazzo**《パラッツォ》

男 館，邸宅，建物，ビル

Questo palazzo prima non c'era.

この建物は以前にはありませんでした。

□ **palestra**《パレストラ》

女 体育館，スポーツジム

Vado in palestra tre volte alla settimana.

私は週に3回ジムへ行きます。

□ **palla**《パッラ》

女 ボール，球

Il cane gioca con la palla.

その犬はボールで遊びます。

関連語 **pallacanestro** [パッラカネストロ] 女 バスケットボール，**pallavolo** [パッラヴォーロ] 女 バレーボール

□ **pancia**《パンチャ》

女 腹

Ho mal di pancia perché ho mangiato troppo.

食べ過ぎたのでお腹が痛いのです。

□ **pane**《パーネ》

男 パン

Mi porta un po' di pane, per favore?

パンを少し持ってきてもらえませんか？

□ **panino**《パニーノ》

男 パニーノ

Hai già pranzato? — Sì, ho mangiato dei panini.

もう昼食はすませたかい？

— はい，パニーノを何個か食べました。

□ **panna**《パンナ》

女 生クリーム

Per la festa mia madre prepara una torta alla panna.

パーティーのために，母は生クリームのケーキを作ります。

□ **pantalone**《パンタローネ》

男（複数形で）ズボン，パンツ

Questi pantaloni sono troppo lunghi.

このズボンは長すぎます。

□ **parcheggio**《パルケッジョ》 男 駐車場

Il parcheggio è dietro al ristorante.

駐車場はレストランの裏にあります。

□ **parco**《パルコ》 男 公園

Oggi pomeriggio ho fatto una passeggiata nel parco.

今日の午後，私は公園を散歩しました。

□ **parente**《パレンテ》 男 女 親戚

Gianni è un parente da parte di mio padre.

ジャンニは私の父方の親戚です。

□ **parete**《パレーテ》 女 壁

Ho appeso quei bei quadri alle pareti del mio ufficio.

私はあれらのきれいな絵を，オフィスの壁に飾りました。

□ **Parmigiano(-Reggiano)**《パルミジャーノ（レッジャーノ）》 男 パルメザンチーズ

Vuoi il parmigiano sugli spaghetti?

スパゲッティにパルメザンチーズをかけるかい？

□ **parola**《パローラ》 女 言葉

Quando ho sentito questa notizia sono rimasto senza parole.

私はこの知らせを聞いた時，言葉を失いました。

□ **parrucchiere**《パッルッキエーレ》 男 美容師 女 parrucchiera [パッルッキエーラ]

Devo andare dal parrucchiere, ho i capelli troppo

lunghi.
私は美容院に行かなくちゃ。髪の毛が長すぎるんだもの。

□ **parte**《パルテ》

女 部分，（場所を指して）あたり，地域，側／（a parte）別にして，除いて

Abito in Trastevere e anche mia sorella abita da quelle parti.
私はトラステヴェレ地区に住んでいて，妹もその辺りに住んでいます。

Questa città ha circa centomila abitanti a parte gli stranieri.
この町の人口は，外国人をのぞいて，約 10 万人です。

□ **partenza**《パルテンツァ》

女 出発

Devo decidere con mio marito l’ora della partenza.
私は出発の時間を夫と決めなければなりません。

□ **partita**《パルティータ》

女 試合

Domenica vado allo stadio per vedere la partita di calcio.
日曜日に私はスタジアムへサッカーの試合を見に行きます。

□ **passaggio**《パッサッジョ》

男 通行，通過，推移

È vietato il passaggio.
通行禁止になっています。

□ **passaporto**《パッサポルト》

男 パスポート

Mi hanno rubato il passaporto.

私はパスポートを盗まれました。

☐ **passeggiata**
パッセッジャータ

女 散歩／（fare una passeggiata）散歩する

Dopo cena porto il cane a fare una passeggiata.

夕食後，私は犬を散歩に連れていきます。

☐ **passione**
パッスィオーネ

女 情熱

Il professor Tuzzi insegna l'italiano con passione.

トゥッツィ先生は一生懸命イタリア語を教えてくれます。

☐ **passo**
パッソ

男 一歩，歩み

Mio fratello abita a pochi passi da qui.

私の兄はここからすぐのところに住んでいます。

関連語 **fare due (quattro) passi** ［ファーレ ドゥエ（クアットロ）パッスィ］散歩する

☐ **pasta**
パスタ

女 パスタ，ペースト，練り物，ケーキ

Mia nonna fa la pasta in casa.

祖母は自家製のパスタを作ります。

Prendo un cappuccino e una pasta.

私はカプチーノを 1 杯とケーキを 1 個もらいます。

▶1 個，2 個と数えられたら「ケーキ」を指します。

☐ **pasticceria**
パスティッチェリーア

女 ケーキ屋，お菓子屋

Mia sorella è andata in una pasticceria per comprare dei dolci.

私の妹は甘いものを買いに，ケーキ屋へ行きました。

☐ **pasto**
パスト

男 食事

Prenda questa medicina tre volte al giorno dopo i

pasti.
1日に3回，食事のあと，この薬を飲んでください。

□ **patata**《パタータ》

女 じゃがいも，ポテト

Giulio e Angela come contorno hanno preso patate fritte.
ジュリオとアンジェラはつけ合わせにフライドポテトをとりました。

□ **patente**《パテンテ》

女 免許

Ho la patente di guida da molti anni.
私は長年運転免許を持っています。

□ **paura**《パウーラ》

女 恐れ，心配

Non ho paura degli esami.
私は試験のことは心配していません。

□ **pausa**《パウザ》

女 休憩

Sono davanti al computer da due ore: ho bisogno di una pausa.
私は2時間前からパソコンの前にいます。休憩が必要です。

□ **pazienza**《パツィエンツァ》

女 忍耐

Quell’uomo ha molta pazienza.
あの男はがまん強い。
Questo lavoro richiede una grande pazienza.
この仕事はたいへんな忍耐を必要とします。

□ **pelle**《ペッレ》

女 肌，皮，皮革

Ho comprato un paio di guanti di pelle in questo

negozio.
私はこの店で革製の手袋一揃いを買いました。

☐ **penna**《ペンナ》

女 ペン

Mi presta una penna, per favore?
ペンを１本貸してくれませんか？

☐ **pennello**《ペンネッロ》

男 刷毛，絵筆／(a pennello) 申し分なく，完全に

Il maestro prima ha disegnato e poi ha dipinto con un pennello.
先生はまずデッサンをして，それから絵筆で描きました。

Queste scarpe mi vanno (stanno) a pennello.
この靴は私にぴったりです。

☐ **pentola**《ペントラ》

女 (深)なべ

Per fare la pasta ho messo la pentola sul fuoco.
パスタをゆでるのに，私はなべを火にかけました。

☐ **pepe**《ペーペ》

男 コショウ

Negli spaghetti alla carbonara ci vuole il pepe nero.
スパゲッティ・カルボナーラには黒コショウがいります。

☐ **periferia**《ペリフェリーア》

女 周辺部，郊外

In periferia ci sono ancora molti piccoli negozi, in centro non ce ne sono quasi più.
郊外には今なお小さな商店がたくさんありますが，中心街にはもうほとんどありません。

□ **periodo**《ペリーオド》

男 時期，期間

In questo periodo piove spesso in Italia.

この時期，イタリアではしばしば雨が降ります。

□ **permesso**《ペルメッソ》

男 許可

Abbiamo già chiesto alla questura il permesso di soggiorno.

私たちはすでに警察署に滞在許可を申請しました。

□ **persona**《ペルソーナ》

女 人

Lui è una persona per bene.

彼はしっかりとした人です。

□ **pesca**《ペスカ》

女 釣り／（andare a pesca）魚釣りに行く，漁に出る

Quest'estate sono andato a pesca con mio nonno.

今年の夏，僕はおじいさんと魚釣りに行きました。

□ **pesce**《ペッシェ》

男 魚

Il pesce crudo mi piace poco.

生魚はあまり好きではありません。

□ **piano**《ピアーノ》

男 階

La mia camera è la 305 al terzo piano.

私の部屋は 3 階の 305 号室です。

▶ terzo piano（第 3 の階）は，日本での 4 階に当たります。1 階は piano terra または pian terreno。

□ **pianta**《ピアンタ》

女 植物／地図

Questa pianta ama il terreno umido.

この植物は湿地を好みます。

Vorrei una pianta della città.
この街の地図が欲しいのですが。

□ **piatto**《ピアット》

男 皿，料理

Quale piatto italiano preferisce?
どんなイタリア料理がお好みですか？

□ **piazza**《ピアッツァ》

女 広場

La finestra dà sulla piazza.
その窓は広場に面しています。

□ **piccolo**《ピッコロ》

男 子ども，赤ちゃん 女 piccola [ピッコラ]

Questo libro è per i piccoli.
この本は子ども向けです。

□ **piede**《ピエーデ》

男 足／（andare a piedi）歩いて行く／（essere (stare) in piedi）立っている，起きている

Mi sono fatto male a un piede.
僕は足にケガをしました。

Si può arrivare fino a quella chiesa a piedi.
あの教会までは歩いて行けます。

□ **pioggia**《ピオッジャ》

女 雨（複 ... ge）

In Giappone giugno è la stagione delle piogge.
日本では 6 月が雨の季節です。

□ **piscina**《ピッシーナ》

女 プール

Vado spesso in piscina. Ci sono stata anche ieri.
私はよくプールへ行きます。昨日も行きました。

□ **pittore**《ピットーレ》

男 画家 女 pittrice [ピットリーチェ]

Il figlio del signor Virzi è diventato pittore.
ヴィルツィさんの息子は画家になりました。

☐ **pittura**《ピットゥーラ》

女 絵画
Questa pittura è famosa per le figure mitologiche.
この絵画は，神話の人物像で有名です。

☐ **pizza**《ピッツァ》

女 ピザ
Le ragazze vogliono mangiare una buona pizza a Napoli.
その女の子たちはナポリでおいしいピザを食べたいのです。

関連語 **pizzeria** [ピッツェリーア] **女** ピザ専門店，**pizzetta** [ピッツェッタ] **女** (切り売りの) 小さいピザ

☐ **politica**《ポリーティカ》

女 政治
Quegli uomini parlano sempre di politica.
あの男たちはいつも政治の話をしています。

☐ **polizia**《ポリツィーア》

女 警察
La polizia ha preso i ladri.
警察は泥棒を逮捕しました。

☐ **poliziotto**《ポリツィオット》

男 警察官 **女** poliziotta [ポリツィオッタ]
Il poliziotto stava spiegando ai turisti come arrivare al museo.
警察官が観光客に博物館までの道のりを説明していました。

☐ **pollo**《ポッロ》

男 鶏，鶏肉
Per secondo prendo il pollo arrosto.

2番目の料理には，ローストチキンをたのみます。

□ **poltrona**《ポルトローナ》

女 (肘掛け付きの) 椅子，ソファー

Questa poltrona è comodissima!

このソファーはとても座り心地がいいね！

□ **pomeriggio**《ポメリッジョ》

男 午後

Oggi pomeriggio ho incontrato il professore all’università.

今日の午後，私は大学で先生に会いました。

□ **pomodoro**《ポモドーロ》

男 トマト

Per cena mia madre prepara spaghetti al pomodoro.

夕食に母はトマトソースのスパゲッティを作ります。

□ **ponte**《ポンテ》

男 橋

Questo ponte è molto antico.

この橋はとても古いものです。

□ **porta**《ポルタ》

女 ドア，門

Questa è la porta principale del palazzo.

これが，この建物の正門です。

□ **portafoglio**《ポルタフォッリョ》

男 財布

Non trovo il portafoglio.

私の財布が見当たりません。

□ **porto**《ポルト》

男 港

Stasera andiamo in un ristorante vicino al porto.

今夜，私たちは港の近くのレストランへ行きます。

☐ **posta**《ポスタ》

女 郵便，郵便物／郵便局

Devo andare alla posta per spedire questo pacco entro le tre.

私はこの小包を送るために，3 時までに郵便局へ行かねばなりません。

☐ **posto**《ポスト》

男 場所，席／（mettere a posto *qualcosa* ...）～を片づける，落ち着かせる，（故障を）直す

Scusi, signora, è libero questo posto?

すみません，奥さま，この席は空いていますか？

Metti a posto la tua stanza!

君の部屋を片づけなさい！

☐ **pranzo**《プランツォ》

男 昼食，ランチ，食事

Restate a pranzo con noi!

私たちと一緒に昼食を食べていってください！

☐ **prenotazione**《プレノタツィオーネ》 女 予約

Hai fatto la prenotazione al ristorante per stasera?

今晩のレストランの予約をしてくれたかい？

☐ **presidente**《プレズィデンテ》

男 女 会長，社長，大統領

Il presidente ha parlato con il direttore.

社長は部長と話しました。

☐ **prestito**《プレスティト》

男 貸すこと／（dare in prestito）貸す／（prendere in prestito）借りる

La biblioteca dà in prestito libri e DVD per una settimana.

その図書館は，本と DVD を 1 週間貸してくれます。

Ho preso in prestito questo libro in biblioteca.

私はこの本を図書館で借りました。

☐ **previsione**《プレヴィズィオーネ》 女 予想

Secondo le previsioni del tempo oggi pomeriggio pioverà.

天気予報によれば，今日の午後は雨が降るようです。

関連語 **previsioni meteorologiche** [プレヴィズィオーニ メテオロロージケ] または**previsioni del tempo** [プレヴィズィオーニ デル テンポ] 天気予報

☐ **prezzo**《プレッツォ》 男 値段

In Italia il prezzo della frutta è molto più basso che in Giappone.

イタリアでは果物の値段は，日本よりもずっと安いです。

☐ **primavera**《プリマヴェーラ》 女 春

In primavera Firenze è piena di turisti.

春になると，フィレンツェは観光客でいっぱいです。

☐ **principiante**《プリンチピアンテ》 男女 初心者

Faccio lezione ai principianti.

私は初心者の人たちに授業をします。

☐ **problema**《プロブレーマ》 男 問題（複 ... mi）

Vogliono risolvere questo problema entro oggi.

彼らは今日中にこの問題を解決したいのです。

☐ **professore**《プロフェッソーレ》 男 教授，先生 女 professoressa [プロフェッソレッサ]

Nostro nonno era professore universitario.

私たちの祖父は，大学の教授でした。

☐ **profumo**
プロフーモ

男 香り，匂い，香水

Mia sorella si è messa il profumo.

私の姉は香水をつけました。

☐ **progetto**
プロジェット

男 計画

Questo progetto richiederà un anno di tempo.

この計画には1年の歳月がかかるでしょう。

☐ **programma**
プログランマ

男 プログラム，計画，予定

Che programmi avete per le vacanze?

君たちはバカンスには何をする予定ですか？

☐ **proprietario**
プロプリエターリオ

男 持ち主，オーナー

女 **proprietaria** [プロプリエターリア]

Quell'uomo è il proprietario di questo negozio.

あの男性がこの店のオーナーです。

☐ **prosciutto**
プロシュット

男 ハム

Questo prosciutto è una specialità dell'Emilia Romagna.

このハムはエミリア＝ロマーニャ地方の特産品です。

関連語 **prosciutto crudo** [プロシュット　クルード] 生ハム，**prosciutto cotto** [プロシュット　コット]（熱処理をしたふつうの）ハム

☐ **prudenza**
プルデンツァ

女 慎重さ，用心深さ

Ci vuole molta prudenza quando si guida.

運転する時はとても慎重であることが要求されます。

☐ **pulizia**
プリツィーア

女 掃除／（fare le pulizie）掃除をする

Dopo aver fatto le pulizie sono andata a fare la

spesa.
掃除をしたあとで，私は買い物に出かけました。

☐ **pullman**《プールマン》

男 観光バス，中・長距離バス，郊外バス

Il pullman parte alle sette e arriva verso le otto e mezzo.
観光バスは 7 時に出発し，8 時半に到着します。

☐ **punta**《プンタ》

女 先端，頂点，ピーク

La punta della matita si è rotta.
鉛筆の芯の先が折れました。

関連語 **ora di punta** [オーラ　ディ　プンタ] ラッシュアワー

q 048

☐ **quaderno**《クアデールノ》

男 ノート

Claudia ha comprato un quaderno e una penna.
クラウディアはノートとペンを買いました。

☐ **quadro**《クアードゥロ》

男 絵，絵画

Questo paesaggio sembra un quadro.
この景色は絵画のようです。

☐ **quartiere**《クアルティエーレ》

男 地区，居住区，界隈

A Roma abitavo in un quartiere popolare.
ローマで私は庶民的な地区に住んでいました。

☐ **questione**《クエスティオーネ》

女 問題，質問

L'inquinamento atmosferico non è una questione semplice.
大気汚染は単純な問題ではありません。

□ **questura**《クエストゥーラ》　**女**（中央）警察署

Per il permesso di soggiorno bisogna andare in questura.

滞在許可証をとるには，警察署に行く必要があります。

□ **quotidiano**《クオティディアーノ》　**男** 日刊紙，新聞

Ogni mattina compro un quotidiano all'edicola della stazione.

毎朝，私は駅の売店で新聞を買います。

r　049

□ **radio**《ラディオ》　**女** ラジオ（無変化），ラジオ放送

Adesso è possibile ascoltare la radio italiana anche in Giappone.

今では日本でもイタリアのラジオ放送を聴くことができます。

□ **raffreddore**《ラッフレッドーレ》　**男** 風邪

Ho mal di gola. Forse ho preso il raffreddore.

のどが痛いのです。多分，風邪を引いたのでしょう。

□ **ragazzo**《ラガッツォ》　**男** 男の子，少年，青年 **女** ragazza［ラガッツァ］女の子，少女

Fabio è un ragazzo in gamba.

ファビオはしっかりした青年です。

□ **ragione**《ラジョーネ》　**女** 理由，分別／（avere ragione）正しい，道理がある

Per quale ragione hai lasciato il lavoro?

どういう理由で君は仕事を辞めたんだい？

□ **rapporto**《ラッポルト》

男 関係／報告書，レポート

C’è un rapporto di amicizia fra Firenze e Kyoto.

フィレンツェと京都は友好関係にあります。

Il direttore ha preparato un rapporto sui risultati della riunione internazionale.

部長は国際会議の結果についてレポートを作成しました。

□ **reception**《レセプション》

女 フロント，受付（無変化）

Possiamo lasciare i bagagli alla reception fino alle cinque?

5時までフロントに荷物を置いていってもいいでしょうか？

□ **regalo**《レガーロ》

男 プレゼント

Facciamo un regalo a Elisa per il suo compleanno.

私たちはエリーザに誕生日の贈り物をします。

□ **regione**《レジョーネ》

女 州

Firenze si trova nella regione Toscana.

フィレンツェはトスカーナ州にあります。

□ **regista**《レジスタ》

男 女 映画監督，指導者

Visconti è uno dei più famosi registi italiani.

ヴィスコンティはイタリアで最も有名な映画監督の一人です。

□ **regola**《レーゴラ》

女 ルール，規則，決まり

Per comprendere bene l’italiano, impariamo le

regole della grammatica.
イタリア語をしっかり理解するために，私たちは文法の規則を学んでいます。
Non c’è regola senza eccezioni.
例外のない規則はない。（諺）

☐ **relazione**《レラツィオーネ》

女 関係，関連，つながり／レポート，報告書
Le relazioni fra il Giappone e l’Italia sono buone.
イタリアと日本の関係は良好です。

☐ **religione**《レリジョーネ》

女 宗教，信仰
In Italia la religione principale è il cattolicesimo.
イタリアの主要な宗教はカトリックです。

☐ **resto**《レスト》

男 残り／おつり
Si utilizza il resto del vino per cucinare.
ワインの残りは料理に利用されます。

☐ **ricetta**《リチェッタ》

女 処方箋／調理法，レシピ
Il dottore mi ha dato la ricetta e poi sono andato in farmacia.
先生は私に処方箋を書いてくれました。そして，私は薬局へ行きました。

☐ **ricevuta**《リチェヴータ》

女 領収書，受け取り
Mio padre ha chiesto al cameriere di portare la ricevuta.
父はウエーターに領収書を持ってくるように頼みました。

☐ **richiesta**《リキエスタ》

女 要求，要望，申請

Il sindaco ha accettato le richieste degli abitanti.
市長は住人の要求に応じました。

☐ **ricordo**《リコルド》 男 思い出，記憶
Ti do questa foto per ricordo.
思い出に，この写真を君にあげるよ。

☐ **Rinascimento**《リナシメント》 男 ルネサンス
Firenze è la culla del Rinascimento.
フィレンツェはルネサンス発祥の地です。

☐ **riposo**《リポーゾ》 男 休み，休憩
Siamo molto stanchi e abbiamo bisogno di riposo.
私たちはとても疲れているので，休憩が必要です。

☐ **riscaldamento**《リスカルダメント》 男 暖房
La camera non era dotata di riscaldamento.
その部屋には暖房が設置されていませんでした。

☐ **riso**《リーゾ》 男 米
In Italia si coltiva il riso nelle valli del Po.
イタリアではポー川流域で米が作られています。

☐ **risotto**《リゾット》 男 リゾット
Il risotto allo zafferano è la specialità di Milano.
サフラン入りのリゾットはミラノの名物です。

☐ **risposta**《リスポスタ》 女 答え，返事
Ho scritto un’e-mail a Marco ieri, ma non ho ancora ricevuto la risposta.
私は昨日マルコにメールを書きましたが，まだ返事

をもらっていません。

□ **ristorante**《リストランテ》

男 レストラン

Prima di andare al ristorante bisogna prenotare.

レストランに行く前に，予約をしなければなりません。

□ **risultato**《リズルタート》

男 結果

All'esame di abilitazione Massimo ha ottenuto un buon risultato.

職業資格試験で，マッシモはよい結果を得ました。

□ **ritardo**《リタルド》

男 遅れ，遅延／（arrivare in ritardo）遅れて到着する，遅刻する

L'annuncio diceva che il treno per Napoli ha un quarto d'ora di ritardo.

ナポリ行きの列車は 15 分遅れているとアナウンスが言っていました。

□ **ritorno**《リトルノ》

男 戻ること，帰り，帰還／（andata e ritorno）往復

Vorrei un biglietto d'andata e ritorno per Torino.

トリノまでの往復切符を 1 枚欲しいのですが。

□ **ritratto**《リトラット》

男 肖像，肖像画

In questa galleria ci sono molti ritratti di personaggi importanti dell'epoca.

この美術館には当時の重要人物の肖像画がたくさんあります。

□ **riunione**《リウニオーネ》

女 会議，集会

Durante la riunione sono state prese decisioni fondamentali.
会議では基本的な事柄についての決断がなされました。

□ **rivista**《リヴィスタ》

女 雑誌

Compro questa rivista ogni mese.
私はこの雑誌を毎月買っています。

□ **rivoluzione**《リヴォルツィオーネ》

女 革命，革新

La rivoluzione industriale ha cambiato notevolmente le condizioni di vita.
産業革命は生活の状況を大きく変えました。

□ **roba**《ローバ》

女 物，荷物，資財

Portate qui tutta la roba.
荷物をすべてここに集めてください。

□ **romanzo**《ロマンヅォ》

男（長編）小説

Il romanzo “I pomessi sposi”del Manzoni è una delle opere più importanti della letteratura italiana.
マンゾーニの小説『いいなづけ』はイタリア文学で最も重要な作品のひとつです。

□ **rumore**《ルモーレ》

男 騒音

Ieri sera i miei vicini hanno fatto molto rumore e non sono riuscito a dormire.
昨夜，近所の人が大きな物音を立てたので，私は眠れませんでした。

□ **sabbia**
サッビア

女 砂
I bambini stanno giocando con la sabbia.
子どもたちは砂遊びをしています。

□ **sacco**
サッコ

男 袋／（un sacco di ...）たくさんの～（複数扱い）
In Italia Kumiko ha speso un sacco di soldi per borse e vestiti.
イタリアでクミコはバッグと洋服にたくさんのお金を使いました。
C’erano un sacco di studenti in piazza.
広場にはたくさんの学生たちがいました。

□ **sala**
サーラ

女 ホール，広間，部屋
L’aereo è in ritardo, perciò la sala d’attesa è piena di gente.
飛行機が遅れているため，待合室は人でいっぱいです。

□ **saldo**
サルド

男 売れ残った品，（複数形saldiで）バーゲンセール
Ho preso questa giacca ai saldi dei grandi magazzini.
私はこのジャケットをデパートのバーゲンセールで買いました。

□ **sale**
サーレ

男 塩
Mi può passare il salc, per favore?
塩をとってくれませんか？

□ **salsa**
サルサ

女 ソース／（salsa di soia）しょう油
Il sushi si mangia con la salsa di soia.

寿司はしょう油につけて食べます。

☐ **salute**《サルーテ》

女 健康

Devi pensare alla salute e smettere di fumare.

健康のことを考えて，タバコをやめなければいけないよ。

☐ **saluto**《サルート》

男 あいさつ

Tanti saluti alla Sua famiglia!

あなたのご家族によろしく！

☐ **sangue**《サングエ》

男 血／（al sangue）（肉の焼き方）レアで

Ieri ho fatto le analisi del sangue.

昨日，私は血液検査をしました。

Per secondo prendo una bistecca. La vorrei al sangue, per favore.

第 2 の料理はステーキにします。それをレアでいただきたいのですが。

☐ **sapone**《サポーネ》

男 石鹸

Mi lavo le mani con il sapone.

私は石鹸で手を洗います。

☐ **sbaglio**《スバッリョ》

男 間違い

Ho trovato uno sbaglio nel conto.

私は勘定に間違いを見つけました。

☐ **scaffale**《スカッファーレ》

男 棚

Dopo la lettura rimettete questi libri sullo scaffale, per cortesia.

読書のあとは，本を棚に戻しておいてください。

□ **scala**
スカーラ

女 階段，スケール

Dato che l’ascensore non funziona, dobbiamo salire le scale.

エレベーターが動かないので，私たちは階段を上がらなければなりません。

□ **scambio**
スカンビオ

男 交換，交流

Tra l’Italia e il Giappone sono molto attivi gli scambi culturali.

イタリアと日本の間では文化交流が大変盛んです。

□ **scarpe**
スカルペ

女（複数形で）靴

Queste scarpe sono molto comode.

この靴はとても履き心地がよいです。

□ **scatola**
スカートラ

女 箱

Che cosa contiene questa scatola?

この箱の中には何が入っているのですか？

関連語 **cibo in scatola** [チーボ　イン　スカートラ] 缶詰

□ **scena**
シェーナ

女 舞台，場面

La regista ha girato quella famosa scena in Sicilia.

その女性映画監督は，あの有名なシーンをシチリア島で撮影しました。

□ **scheda**
スケーダ

女 カード，記入用紙

Metta il Suo nome su questa scheda.

このカードにあなたのお名前を入れてください。

□ **scherzo**
スケルツォ

男 冗談，いたずら

Non volevo farti arrabbiare, dicevo per scherzo!

僕は君を怒らせるつもりはなかった，冗談で言っていたんだよ！

□ **schiena**《スキエーナ》

女 背中

Sono stata tutta la mattina in piedi e adesso ho mal di schiena.

私は午前中ずっと立っていたので，今背中が痛いのです。

□ **sci**《シー》

男 スキー

Lo sci è uno sport molto popolare in Italia.

スキーはイタリアでとても人気のあるスポーツです。

□ **sciarpa**《シャルパ》

女 スカーフ，マフラー

La sciarpa di cashmere tiene molto caldo.

カシミアのマフラーはとても温かくしてくれます。

□ **sciopero**《ショーペロ》

男 ストライキ

Quando sono arrivata a Roma i tassisti facevano sciopero.

私がローマに着いたとき，タクシー運転手がストライキをしていました。

□ **scompartimento**《スコンパルティメント》

男 (列車の) コンパートメント

Lo scompartimento era pieno e faceva molto caldo.

列車のコンパートメントはいっぱいで，とても暑かったのです。

□ **sconto**《スコント》

男 割引，ディスカウント

Siccome c’erano i saldi, ho comprato queste scarpe con uno sconto del 30 per cento.
バーゲンセールだったので，私はこの靴を 30 パーセント引きで買いました。

□ **scrittore**《スクリットーレ》

男 作家　女 scrittrice ［スクリットリーチェ］
In futuro Marco vuole diventare uno scrittore.
将来，マルコは作家になりたいのです。

□ **scuola**《スクォーラ》

女 学校
Mia sorella ed io andiamo a scuola con l’autobus.
姉と私はバスで通学しています。

□ **secolo**《セーコロ》

男 世紀
Questa chiesa è stata costruita nel quattordicesimo secolo.
この教会は 14 世紀に建てられました。

□ **sedia**《セーディア》

女 椅子
C’è un gatto sulla sedia.
椅子の上に猫がいます。

□ **segretario**《セグレターリオ》

男 秘書　女 segretaria ［セグレターリア］
Il segretario controlla il programma del direttore.
秘書は上司の予定表を確認します。

□ **segreteria**《セグレテリーア》

女 事務局／（segreteria telefonica）留守番電話
Ieri sera ti ho lasciato un messaggio nella segreteria telefonica.
昨夜，君の留守番電話に伝言を残しておいたよ。

□ **semaforo**《セマーフォロ》

男 信号

Vada sempre diritto e poi giri a destra al secondo semaforo.

ずっとまっすぐ行って，2つ目の信号を右に曲がってください。

□ **seminario**《セミナーリオ》

男 セミナー，研究会，ゼミナール

Durante questo seminario studieremo molti autori importanti.

このゼミでは多くの重要な作家たちについて研究します。

□ **senso**《センソ》

男 感覚，センス／意味

Ho un pessimo senso dell'orientamento.

私はひどい方向音痴です。

□ **sentimento**《センティメント》

男 気持ち，感情

Esprimere i propri sentimenti non è facile.

感情を表現するのは簡単ではありません。

□ **sera**《セーラ》

女 夕方，夜，晩

In inverno si fa sera presto.

冬は夜になるのが早い。

□ **serata**《セラータ》

女 夕べ，晩

Ho passato una bella serata.

私は素敵な夜を過ごしました。

□ **servizio**《セルヴィーツィオ》

男 サービス，奉仕，勤務

Posso chiedere il servizio in camera?

ルームサービスは頼めますか？

関連語 **servizio da tavola** [セルヴィーツィオ　ダ　ターヴォラ] 正餐の食器一式，**servizio di posate** [セルヴィーツィオ　ディ　ポザーテ]（ナイフ・フォークなど）食卓用具一式

☐ **seta**《セータ》

女 絹

Questo abito da sera è di seta, è molto elegante.

このイブニングドレスはシルクのもので，とても上品です。

☐ **sete**《セーテ》

女（のどの）渇き／（avere sete）のどが渇いている

Ho molta sete. Prendiamo qualcosa al bar?

とてものどが渇いたよ。バールで何か飲もうか？

☐ **settimana**《セッティマーナ》

女 週

La settimana scorsa siamo andati al mare per rilassarci.

先週，私たちは海に行ってのんびりしました。

☐ **sguardo**《ズグアルド》

男 視線，まなざし

Prima di andare in ufficio mio padre ha dato uno sguardo al giornale.

会社へ行く前に，父はざっと新聞に目を通しました。

☐ **sicurezza**《スィクレッツァ》

女 安全，確かさ，信頼

Lo studente ha risposto alla domanda del professore con sicurezza.

その学生は，教授の質問に自信をもって答えました。

関連語 **cintura di sicurezza** [チントゥーラ　ディ　スィクレッツァ] シートベルト，**uscita di sicurezza** [ウシータ　ディ　スィクレッツァ] 非常口

☐ **sigaretta**
スィガレッタ

女 タバコ

Hai una sigaretta?

タバコを持っている？

☐ **significato**
スィニフィカート

男 意味，意義

Devi consultare il dizionario latino per controllare il significato di questa parola.

この言葉の意味を調べるには，ラテン語の辞書を引かなければいけないよ。

☐ **signore**
スィニョーレ

男 男性，紳士，～さん

☐ **signora**
スィニョーラ

女 女性，婦人，～さん

☐ **signorina**
スィニョリーナ

女 若い女性，お嬢さん，～さん

Quel signore che sta parlando con Riccardo è il professor Monti.

リカルドと話している男の人が，モンティ先生です。

☐ **signori**
スィニョーリ

（複数形のみ）夫妻

i signori Gatti　ガッティ夫妻

I signori Bruni l’anno scorso hanno fatto un viaggio a Parigi.

ブルーニ夫妻は去年パリへ旅行しました。

☐ **sindaco**
スィンダコ

男 市長

Il sindaco ha spiegato l’importanza del nuovo centro culturale.

市長は新しい文化センターの重要性を説きました。

☐ **sinistra**《スィニストラ》

女 左

Al terzo incrocio deve girare a sinistra.

3つ目の交差点で，左に曲がってください。

☐ **situazione**《スィトゥアツィオーネ》

女 状況，情勢

L'economia giapponese ha superato una situazione difficile.

日本の経済は困難な状況を乗り越えました。

☐ **società**《ソチエタ》

女 社会，会社，団体

Questa società ha uffici in molti paesi del mondo.

この会社は世界の多くの国に事務所を持っています。

☐ **soggiorno**《ソッジョルノ》

女 滞在／居間，リビング

Per ottenere il permesso di soggiorno bisogna andare in questura.

滞在許可を得るためには警察署に行かなければならない。

Il mio gatto dormiva spesso sul divano in soggiorno.

私の猫はよくリビングのソファーの上で寝ていました。

☐ **sogno**《ソーニョ》

男 夢

Era un mio sogno diventare cantante.

歌手になることが私の夢でした。

☐ **soia**《ソイア》

女 大豆／（salsa di soia）しょう油

Nella cucina giapponese la salsa di soia è un ingrediente fondamentale.

日本料理においてしょう油は基本的な材料です。

☐ **soldo**《ソルド》

男 (複数形で) お金

In pochi giorni ho finito i soldi.

わずか数日で，僕はお金を使い果たしました。

☐ **sole**《ソーレ》

男 太陽／ (prendere il sole) 日光浴をする

Nel pomeriggio è tornato il sole e il tempo è diventato bellissimo.

午後には太陽が戻ってきて，素晴らしい天気になりました。

Quando eravamo in Sicilia, andavamo al mare e prendevamo il sole tutti i giorni.

私たちがシチリアにいたときには，毎日海へ行って，日光浴をしていました。

関連語 **occhiali da sole** [オッキアーリ ダ ソーレ] サングラス

☐ **sonno**《ソンノ》

男 眠気／ (avere sonno) 眠い

Ho ancora sonno perché stanotte non sono riuscito ad addormentarmi fino a tardi.

僕は昨夜遅くまで寝つけなかったから，まだ眠いんだ。

☐ **soprannome**《ソプランノーメ》

男 あだ名，ニックネーム

I giornali parlano del presidente del consiglio usando dei soprannomi.

新聞では総理大臣のことをあだ名で呼んでいます。

☐ **sorella**《ソレッラ》

女 姉妹，姉，妹

Lisa vive a Roma con sua sorella.

リサはローマで姉 (妹) といっしょに暮らしています。

☐ **sorriso**
ソッリーゾ

男 微笑み，笑顔

Il sorriso della Gioconda è famosissimo.

ジョコンダ（モナリザ）の微笑みはたいへん有名です。

☐ **spaghetti**
スパゲッティ

（男性複数形で）スパゲッティ

Io prendo gli spaghetti alla carbonara, e tu?

僕はスパゲッティ・カルボナーラを頼むよ。君はどうする？

☐ **spalla**
スパッラ

女 肩

Ho un dolore alla spalla perché ho portato una borsa pesantissima.

私はたいへん重いかばんを持っていたので肩が痛いのです。

☐ **spazio**
スパツィオ

男 空間／宇宙（複 ... zi）

L’autobus era tanto pieno che non c’era spazio per muoversi.

バスは満員で，身動きができませんでした。

☐ **spazzolino**
スパッツォリーノ

男（小型の）ブラシ，歯ブラシ

Vado al supermercato a comprare uno spazzolino da denti.

私は歯ブラシを買いにスーパーへ行きます。

関連語 **spazzola** ［スパッツォラ］ 女 ブラシ

☐ **specchio**
スペッキオ

男 鏡

Prima di uscire di casa Anna si guarda allo specchio.

出かける前に，アンナは鏡を見ます。

☐ **specialità**
スペチャリタ

女 専門分野，名物，特産

Qual è la specialità di questa zona?

この地方の名物は何ですか？

La cotoletta alla milanese è la mia specialità.

ミラノ風カツレツは，私の得意料理です。

☐ **spesa**
スペーザ

女 費用，（複数形で）買い物／（fare la spesa）日常の買い物をする／（fare spese）ショッピングする

La spesa per la gita è di 50 euro a testa.

観光費用は一人当たり 50 ユーロです。

La mattina vado a fare la spesa al supermercato.

私は午前中にスーパーへ買い物に行きます。

関連語 **spese di commissione** [スペーゼ ディ コミスィオーネ] 手数料

☐ **spettacolo**
スペッターコロ

男 催し物，ショー

Stasera c'è qualche spettacolo interessante?

今晩，何かおもしろい催し物はありますか？

☐ **spiaggia**
スピアッジャ

女 砂浜，浜辺

Abbiamo passeggiato lungo la spiaggia.

私たちは海辺を散歩しました。

☐ **spiegazione**
スピエガツィオーネ

女 説明

La spiegazione era chiarissima.

説明はとても明解でした。

☐ **sportello**
スポルテッロ

男 窓口

Per spedire un pacco all'estero deve andare allo sportello cinque.

海外へ小包を送る場合は，5番窓口へ行ってください。

☐ **spremuta**《スプレムータ》

女 生ジュース

Una spremuta d’arancia, per favore.

オレンジの生ジュースを1つください。

☐ **squadra**《スクアードゥラ》

女 チーム

La squadra giapponese ha vinto per un goal.

日本チームは1点差で勝った。

☐ **stadio**《スターディオ》

男 競技場，スタジアム

Domenica mio fratello andrà allo stadio a vedere la partita.

日曜日に，私の兄は試合を見にスタジアムへ行きます。

☐ **stagione**《スタジョーネ》

女 季節，シーズン

In Italia le stagioni più belle sono la primavera e l’estate.

イタリアで一番美しい季節は春と夏です。

☐ **stanza**《スタンツァ》

女 部屋

Vorrei prendere una stanza in affitto in centro.

私は町の中心に部屋を借りたいのですが。

☐ **statua**《スタートゥア》

女 像，彫刻

Ci vediamo davanti alla statua di Garibaldi alle sette.

7時にガリバルディの像の前で会いましょう。

☐ **stazione**
スタツィオーネ

女 駅

Andiamo alla stazione a prendere Marco.

私たちはマルコを迎えに駅へ行きます。

☐ **stella**
ステッラ

女 星

Si vedono tante stelle in montagna.

山ではたくさんの星が見られます。

☐ **stilista**
スティリスタ

男 女 デザイナー

Giorgio Armani è uno degli stilisti italiani più famosi.

ジョルジオ・アルマーニはイタリアで最も有名なデザイナーの一人です。

☐ **stivale**
スティヴァーレ

男（複数形で）長靴，ブーツ

Ho comprato un paio di stivali molto comodi.

私はとても履き心地のよいブーツを1足買いました。

☐ **stomaco**
ストーマコ

男 胃

Siccome ho mangiato troppo ieri sera, ho mal di stomaco.

昨夜食べ過ぎたので，胃が痛いのです。

☐ **storia**
ストーリア

女 物語，歴史，話

Susanna ha studiato storia dell’arte a Firenze.

スザンナはフィレンツェで，美術史を勉強しました。

La sua storia non è credibile.

彼の話は信じられません。

☐ **strada**
ストラーダ

女 道

Mi può indicare la strada per la stazione?

駅へ行く道を教えてくれませんか。

☐ **straniero**《ストゥラニエーロ》

男 外国人　女 straniera [ストゥラニエーラ]

Quello straniero parla un ottimo italiano.

あの外国人はとても上手なイタリア語を話します。

☐ **studente**《ストゥデンテ》

男 男子学生　女 studentessa [ストゥデンテッサ] 女子学生

Mio fratello è ancora uno studente del liceo.

私の弟はまだ高校生です。

☐ **studio**《ストゥーディオ》

男 勉強，研究／書斎／（borsa di studio）奨学金

Lo studio dell'italiano può essere difficile.

イタリア語の勉強は難しいかもしれません。

Maria ha vinto la borsa di studio.

マリーアは奨学金をもらいました。

☐ **successo**《スッチェッソ》

男 成功

Questo film giapponese ha avuto un grande successo in Italia.

この日本映画はイタリアで大ヒットしました。

☐ **succo**《スッコ》

男 果汁，ジュース

Da bere prendo un succo d'arancia.

飲み物にはオレンジジュースをもらいます。

☐ **sud**《スッド》

男 南

Roma è a sud di Firenze.

ローマはフィレンツェの南にあります。

☐ **sudore**《スドーレ》

男 汗

Ho corso per cinque chilometri, sono coperto di sudore.
私は5キロ走りました。汗びっしょりです。

□ **supermercato**《スーペルメルカート》 男 スーパーマーケット

La banca è più avanti sulla destra, di fronte al supermercato.
銀行はこの先の右手で，スーパーの向かいにあります。

□ **supplemento**《スップレメント》 男 超過，追加

Per prendere l'Eurostar bisogna pagare il supplemento e prenotare.
ユーロスターに乗るには，追加料金を払い，予約をしなければなりません。

□ **sveglia**《ズヴェッリャ》 女 目覚まし時計

Mi sono dimenticato di mettere la sveglia e sono arrivato in ufficio in ritardo.
私は目覚ましをセットするのを忘れて，会社に遅刻してしまいました。

t

051

□ **tabaccheria**《タバッケリーア》 女 タバコ店（タバコをはじめ，切手，証紙，塩など国の専売品を扱う店。通称Tabacchi [タバッキ]）

In Italia per comprare le sigarette bisogna andare in tabaccheria.
イタリアではタバコを買うにはタバコ店へ行かなければなりません。

名詞

□ **taglia**《タッリヤ》

女 衣服の寸法，サイズ

Che taglia porta?

あなたのサイズはいくつですか？

□ **tappeto**《タッペート》

男 カーペット

Quel bambino ha versato il latte sul tappeto.

その子はミルクをカーペットの上にこぼしてしまいました。

□ **tariffa**《タリッファ》

女 料金

Le tariffe ferroviarie aumenteranno dal mese prossimo.

鉄道の料金が来月から上がります。

□ **tasca**《タスカ》

女 ポケット

Credevo di avere il biglietto in tasca, invece era nel portafoglio.

私はポケットに切符が入っていると思っていたのですが，財布に入っていました。

□ **tassa**《タッサ》

女 税，料金

Dobbiamo pagare la tassa.

私たちは税金を納めなければならない。

Per iscriversi alla nostra scuola, bisogna pagare la tassa d’iscrizione.

我が校に入学（登録）するには，入学金を支払わなくてはなりません。

□ **tassista**《タッスィスタ》

男 女 タクシー運転手

Ho chiesto al tassista se l’albergo era vicino alla stazione.

私はタクシー運転手に，そのホテルが駅の近くにあるかたずねました。

☐ **tavolo**《ターヴォロ》

男 テーブル，机

Vorrei prenotare un tavolo per tre persone per stasera.

今晩3名でテーブルを予約したいのですが。

☐ **taxi**《タクスィ》

男 タクシー

Tornerò a casa con il taxi perché sono molto stanca.

とても疲れているので，私はタクシーで家に帰るつもりです。

☐ **tazza**《タッツァ》

女 カップ

Ogni mattina per colazione prendo una tazza di caffellatte.

毎朝食に，私はカフェラテを1杯飲みます。

☐ **tè**《テ》

男 茶，紅茶

Posso avere un tè? Lo vorrei al limone.

紅茶をいただけますか？　レモンティーにしてほしいのですが。

☐ **teatro**《テアートゥロ》

男 劇場／（andare a teatro）劇場へ行く

Maria ed io andremo a teatro stasera. Vuoi venire anche tu?

今夜マリアと私は劇場へ行くつもりなんだけど，あなたも来たい？

☐ **tedesco**《テデスコ》

男 ドイツ人（男性），ドイツ語

女 tedesca [テデスカ] ドイツ人（女性）
Quello studente che sta leggendo il giornale è tedesco.
向こうで新聞を読んでいる学生はドイツ人です。

☐ **telefono**《テレーフォノ》
男 電話／（per telefono）電話で
Come Le ho detto per telefono, Le mando questo pacco per via aerea.
電話で話したとおり，あなたにこの荷物を航空便で送ります。

☐ **televisione**《テレヴィズィオーネ》
女 テレビ／（alla TV）テレビで（TV＜televisioneの略称。[ティーヴー または ティーヴィー]と発音）
I miei figli guardano sempre la televisione e non studiano mai.
うちの子どもたちはテレビを見てばかりいて，まったく勉強をしません。

☐ **televisore**《テレヴィゾーレ》
男 テレビ（受信機）
Questo televisore non funziona. Forse è rotto.
このテレビは映りません。たぶん壊れているのでしょう。

☐ **temperatura**《テンペラトゥーラ》
女 温度，気温
In estate a Roma la temperatura può superare i quaranta gradi.
ローマでは，夏に気温が40度を超えることもあります。

☐ **tempio**《テンピオ》
男 寺，神社，神殿（複 templi）
Ad Agrigento si possono vedere ancora oggi dei

templi greci.
アグリジェントでは，いまなおギリシャ神殿を見ることができます。

□ **tempo**《テンポ》

男 時間，天気

Prendo il taxi perché non ho tempo.
時間がないので，私はタクシーに乗ります。

Fa bel tempo oggi.
今日はいい天気だ。

□ **terra**《テッラ》

女 地球，土地，土／（per terra）地面に，地べたに

Ho trovato un portafoglio per terra e l’ho portato alla polizia.
私は財布が落ちているのを見つけて，それを警察に届けました。

□ **tesi**《テーズィ》

女 論文（単複同形）

Franco ha discusso la tesi una settimana fa.
フランコは卒業論文の口述審査を一週間前に受けました。

関連語 **tesi di laurea** [テーズィ　ディ　ラウレア] 卒業論文

□ **testa**《テスタ》

女 頭

Ieri sera ho bevuto troppo e adesso ho mal di testa.
昨晩飲みすぎたので，いま頭が痛いのです。

□ **tifone**《ティフォーネ》

男 台風

Il tifone ha danneggiato molte abitazioni.
台風は多くの家屋を損傷させました。

□ **tinta**《ティンタ》

女 染料，色合い／（in tinta unita）無地の，単色の

Vorrei una giacca in tinta unita e di colore scuro.

無地で，地味な色のジャケットが欲しいのですが。

□ **tipo**《ティーポ》

男 タイプ，型，種類

Questo tipo di scarpe non mi piace molto.

私はこのタイプの靴があまり好きではありません。

□ **torre**《トッレ》

女 塔

Il soprannome di San Gimignano è “città delle torri”.

サン・ジミニャーノの愛称は，「塔の町」といいます。

□ **torta**《トルタ》

女 ケーキ

Mio fratello è andato in pasticceria per comprare una torta.

私の弟はケーキを買いに，菓子店へ行きました。

□ **tradizione**《トラディツィオーネ》

女 伝統

Anna è molto interessata alle tradizioni giapponesi.

アンナは日本の伝統にとても興味があります。

□ **traduzione**《トラドゥツィオーネ》

女 翻訳

Ho letto un romanzo di Moravia in traduzione.

私はモラヴィアの小説を翻訳で読みました。

□ **traffico**《トラッフィコ》

男 交通，混雑

Stamattina c’era molto traffico in centro.

今朝は町の中心地がひどく渋滞していました。

☐ **tram**《トラム》

男 トラム，路面電車，市電

Quando ero a Milano, prendevo sempre il tram per andare a scuola.

ミラノにいた頃，私はいつもトラムで学校に通っていました。

☐ **trasporto**《トゥラスポルト》

男 交通機関，輸送

I trasporti in questa zona sono notevolmente migliorati negli ultimi anni.

この地域の交通の便は，ここ数年でめざましくよくなりました。

☐ **trattoria**《トラットリーア》

女 トラットリア

In questa trattoria servono buoni piatti locali.

この食堂では，おいしい地方料理を出してくれます。

☐ **treno**《トレーノ》

男 電車，列車

Mina e suo marito partiranno domattina con il treno delle sette.

ミーナと彼女の夫は，明日の朝7時の列車で出発する予定です。

☐ **turismo**《トゥリズモ》

男 観光

Sono qui in Italia per turismo.

私はここイタリアに観光で来ています。

関連語 **turista** [トゥリスタ] 男 女 観光客

☐ **turista**《トゥリスタ》

男 女 観光客（複 男 ... i，女 ... e）

Questa zona della città è sempre piena di turisti.

町のこのあたりはいつも観光客であふれています。

☐ **uccello**
ウッチェッロ

男 鳥
Ci sono due uccelli nella gabbia.
鳥かごに2羽の鳥がいます。

☐ **ufficio**
ウッフィーチョ

男 事務所，オフィス
Di solito pranzo in un ristorante e torno in ufficio alle due.
普段，私はレストランで昼食をとって，2時に会社に戻ります。
関連語 **ufficio informazioni** [ウッフィーチョ　インフォルマツィオーニ] 案内所，**ufficio postale** [ウッフィーチョ　ポスターレ] 郵便局

☐ **umore**
ウモーレ

男 気分，気性／(essere di buon (cattivo) umore) 機嫌が良い(悪い)
Stamattina il direttore era di cattivo umore.
今朝部長は機嫌が悪かったのです。

☐ **università**
ウニヴェルスィタ

女 大学／(all'università) 大学で，大学に
Dopo il liceo mi iscriverò all'università di Firenze.
高校を卒業したあと，私はフィレンツェ大学に入るつもりです。

☐ **uomo**
ウォーモ

男 人，男性 (複 uomini)
Dov'è il reparto abiti da uomo?
紳士服売り場はどこですか。

☐ **uovo**
ウォーヴォ

男 卵 (複 le uova ▶女性形に変わります)
Per fare gli spaghetti alla carbonara ci vogliono

delle uova.
スパゲッティ・カルボナーラを作るのに，卵がいくつかいります。

☐ **uscita**《ウッシータ》

女 出口
Ti aspetterò all'uscita dell'ufficio.
会社の出口で君を待っているよ。
関連語 **uscita di sicurezza** ［ウッシータ ディ スィクレッツァ］
非常口

☐ **uva**《ウーヴァ》

女 ぶどう
Questa uva serve per fare il vino.
このぶどうはワインを作るのに使います。

V 053

☐ **vacanza**《ヴァカンツァ》

女 休日／（andare in vacanza）休暇をとる／（essere in vacanza）休みをとっている／（複数 vacanzeで）（一定期間の）休暇，バカンス
Ho passato le vacanze in Sardegna con la mia famiglia.
私はバカンスを家族といっしょにサルデーニャ島で過ごしました。

☐ **vagone**《ヴァゴーネ》

男（電車の）車両
Questo treno è dotato di vagone ristorante?
この列車に食堂車はありますか？

☐ **valigia**《ヴァリッジャ》

女 スーツケース
Non trovo la mia valigia.
私のスーツケースが見当たりません。

□ **valle**《ヴァッレ》

女 谷，渓谷，（ポー川などの）三角地帯

In fondo alla valle c'è un piccolo paese.

その谷の底には，小さな村があります。

□ **vaso**《ヴァーゾ》

男 つぼ，花瓶

Mia madre ha messo dei fiori in un vaso.

母は花瓶に花を生けました。

□ **vento**《ヴェント》

男 風

In montagna fa molto freddo e tira un vento gelido.

山間部はとても寒くて，冷たい風が吹いています。

□ **verdura**《ヴェルドゥーラ》

女 野菜

A Sandra non piace la verdura cruda.

サンドラは生野菜が好きではありません。

□ **verità**《ヴェリタ》

女 本当のこと，真実

Non credo a quello che stai dicendo, dimmi la verità.

君の言っていることは信じないよ。本当のことを言ってよ。

□ **vestito**《ヴェスティート》

男 服

Mi sta bene questo vestito?

この洋服は私に似合っていますか？

□ **vetrina**《ヴェトゥリーナ》

女 ショーウィンドー

Posso provare quelle scarpe in vetrina?

ショーウィンドーにある靴を履いてみていいですか？

□ **vetro**《ヴェトゥロ》

男 ガラス

Questi piatti sono di vetro di Murano.

これらの皿はムラーノ島のガラス製です。

□ **via**《ヴィーア》

女 通り，道

Troverà alcune banche in via verdi.

ヴェルディ通りには何軒か銀行がありますよ。

関連語 **viale** [ヴィアーレ] 男 並木道，大通り

□ **viaggio**《ヴィアッジョ》

男 旅／（fare un viaggio）旅行をする

Il viaggio in nave è stato molto divertente.

船での旅はとても楽しかったです。

□ **vigile**《ヴィージレ》

男（自治体警察の）警官

Il fratello di Marco è diventato vigile.

マルコの兄は警官になりました。

関連語 **vigile del fuoco** [ヴィージレ　デル　フォーコ] 消防士

□ **villa**《ヴィッラ》

女（郊外の）邸宅，別荘

I signori Corradi hanno una bella villa in montagna.

コッラーディ夫妻は山に素敵な別荘を持っています。

□ **vino**《ヴィーノ》

男 ワイン

Per questo piatto vi consiglio un vino bianco.

この料理には白ワインをおすすめします。

□ **visita**《ヴィズィタ》

女 訪問

Ogni volta che viene a Roma, Marco viene a farci una visita.

ローマに来るたびに，マルコは私たちを訪ねに来て

くれます。

関連語 **biglietto da visita** [ビリエット　ダ　ヴィズィタ] 名刺

☐ **viso**《ヴィーゾ》

男 顔，顔つき

Quella ragazza ha un viso molto dolce.

あの女の子はとてもやさしい顔をしていますね。

☐ **vita**《ヴィータ》

女 生命，生活，人生

Preferisco la vita in città.

私は都会生活のほうが好きです。

☐ **voglia**《ヴォッリャ》

女 欲求，欲望／（avere voglia di ...）～がしたい

Hai voglia di andare al cinema?

映画に行きたいですか？

☐ **volo**《ヴォーロ》

男 飛行，便

Qual è l’uscita per il volo per Tokyo?

東京行きの便の搭乗ゲートはどちらですか？

☐ **volta**《ヴォルタ》

女 回

È la prima volta che vengo in Italia.

私はイタリアに来るのは初めてです。

関連語 **a volte** [ア　ヴォルテ] 時々

Z 054

☐ **zafferano**《ザッフェラーノ》

男 サフラン

Lo zafferano si usa nel risotto alla milanese.

サフランはミラノ風リゾットに使います。

□ **zaino**《ザイノ》

男 リュックサック

Fabio è andato in montagna con lo zaino in spalla.

ファビオはリュックを背負って山へ行きました。

関連語 **zainetto** [ザイネット] 男 (軽い) リュック

□ **zero**《ゼーロ》

男 ゼロ

Cinque meno cinque fa zero.

5 引く 5 はゼロになります。

□ **zio**《ツィーオ／ヅィーオ》

男 おじ　女 **zia** [ツィーア／ヅィーア] おば

Dopo la lezione sono passato da mio zio e sono tornato a casa verso le sei.

放課後，僕はおじさんのところに寄って，6 時頃に帰宅しました。

□ **zona**《ゾーナ》

女 地域，地区

Questa zona è tranquilla, però è scomoda.

この地域は静かですが，不便です。

□ **zucchero**《ツッケロ》

男 砂糖

Ho messo due cucchiaini di zucchero nel caffè.

私はコーヒーに砂糖をスプーンに 2 杯入れました。

□ **zuppa**《ツッパ》

女 スープ

Mia madre sta preparando una zuppa di verdura.

母は野菜スープを作っています。

季節（☐ stagioni [スタジオーニ] 複 < stagione [スタジオーネ] 女） 055

- ☐ **primavera**《プリマヴェーラ》 女 春
- ☐ **estate**《エスターテ》 女 夏
- ☐ **autunno**《アウトゥンノ》 男 秋
- ☐ **inverno**《インヴェルノ》 男 冬

月（☐ mesi [メージ] 複 < mese [メーゼ] 男） 056

- ☐ **gennaio**《ジェンナイオ》 男 1月
- ☐ **febbraio**《フェッブライオ》 男 2月
- ☐ **marzo**《マルツォ》 男 3月
- ☐ **aprile**《アプリーレ》 男 4月
- ☐ **maggio**《マッジョ》 男 5月
- ☐ **giugno**《ジューニョ》 男 6月
- ☐ **luglio**《ルッリョ》 男 7月
- ☐ **agosto**《アゴスト》 男 8月
- ☐ **settembre**《セッテンブレ》 男 9月
- ☐ **ottobre**《オットーブレ》 男 10月
- ☐ **novembre**《ノヴェンブレ》 男 11月
- ☐ **dicembre**《ディチェンブレ》 男 12月

曜日 057

- ☐ **lunedì**《ルネディ》 男 月曜日
- ☐ **martedì**《マルテディ》 男 火曜日
- ☐ **mercoledì**《メルコレディ》 男 水曜日
- ☐ **giovedì**《ジョヴェディ》 男 木曜日
- ☐ **venerdì**《ヴェネルディ》 男 金曜日
- ☐ **sabato**《サーバト》 男 土曜日
- ☐ **domenica**《ドメーニカ》 女 日曜日

方角（☐ direzioni [ディレツィオーニ] 複 < direzione [ディレツィオーネ] 女） 058

- ☐ **est**《エスト》 男 東
- ☐ **ovest**《オヴェスト》 男 西
- ☐ **sud**《スッド》 男 南
- ☐ **nord**《ノルド》 男 北

職業名 059

□ **architetto**《アルキテット》 男 建築家

□ **artista**《アルティスタ》 男 女 芸術家，アーティスト

□ **assistente di volo**《アッシィステンテ ディ ヴォーロ》 男 女 客室乗務員，フライトアテンダント

□ **attore**《アットーレ》 男 (男性の) 俳優

□ **attrice**《アットリーチェ》 女 (女性の) 俳優，女優

□ **autista**《アウティスタ》 男 女 運転手

□ **avvocato**《アッヴォカート》 男 弁護士

□ **bancario**《バンカーリオ》 男 (男性の) 銀行員

□ **bancaria**《バンカーリア》 女 (女性の) 銀行員

□ **cameriere**《カメリエーレ》 男 ウエーター

□ **cameriera**《カメリエーラ》 女 ウエートレス

□ **cantante**《カンタンテ》 男 女 歌手

□ **casalinga**《カザリンガ》 女 主婦

□ **cuoco**《クオーコ》 男 (男性の) 調理師，コック

□ **cuoca**《クオーカ》 女 (女性の) 調理師，コック

□ **dentista**《デンティスタ》 男 女 歯医者

□ **fotografo**《フォトーグラフォ》 男 (男性の) 写真家

□ **fotografa**《フォトーグラファ》 女 (女性の) 写真家

□ **fruttivendolo**《フルッティヴェンドロ》 男 (男性の) 八百屋さん

- ☐ **fruttivendola**《フルッティヴェンドラ》 女 （女性の）八百屋さん
- ☐ **giornalista**《ジョルナリスタ》 男 女 ジャーナリスト
- ☐ **impiegato**《インピエガート》 男 （男性の）会社員，サラリーマン
- ☐ **impiegata**《インピエガータ》 女 （女性の）会社員，OL
- ☐ **ingegnere**《インジェニェーレ》 男 エンジニア
- ☐ **insegnante**《インセニャンテ》 男 女 教師
- ☐ **macellaio**《マチェッライオ》 男 （男性の）肉屋さん
- ☐ **macellaia**《マチェッライア》 女 （女性の）肉屋さん
- ☐ **medico**《メーディコ》 男 医者
- ☐ **musicista**《ムズィチスタ》 男 女 音楽家
- ☐ **parrucchiere**《パッルッキエーレ》 男 （男性の）美容師
- ☐ **parrucchiera**《パッルッキエーラ》 女 （女性の）美容師
- ☐ **pescatore**《ペスカトーレ》 男 （男性の）漁師
- ☐ **pescatrice**《ペスカトリーチェ》 女 （女性の）漁師
- ☐ **pittore**《ピットーレ》 男 （男性の）画家
- ☐ **pittrice**《ピットリーチェ》 女 （女性の）画家
- ☐ **poliziotto**《ポリツィオット》 男 （男性の）警察官
- ☐ **poliziotta**《ポリツィオッタ》 女 （女性の）警察官
- ☐ **psicologo**《プスィコーロゴ》 男 （男性の）心理学者
- ☐ **psicologa**《プスィコーロガ》 女 （女性の）心理学者

□ **scrittore**　男 (男性の)作家
スクリットーレ

□ **scrittrice**　女 (女性の)作家
スクリットリーチェ

□ **segretario**　男 (男性の)秘書
セグレターリオ

□ **segretaria**　女 (女性の)秘書
セグレターリア

□ **stilista**　男 女 ファッション・デザイナー
スティリスタ

□ **studente**　男 男子学生
ストゥデンテ

□ **studentessa**　女 女子学生
ストゥデンテッサ

親族 ・・・・・・・・・・・・・・・・・・・・・・・・・・・・・・・・・・・・・・ 060

□ **cugina**　女 (女の)いとこ
クジーナ

□ **cugino**　男 (男の)いとこ
クジーノ

□ **sorella**　女 姉妹，姉，妹
ソレッラ

関連語 **sorella maggiore** ［ソレッラ　マッジョーレ］ 姉
sorella minore ［ソレッラ　ミノーレ］ 妹

□ **fratello**　男 兄弟，兄，弟
フラテッロ

関連語 **fratello maggiore** ［フラテッロ　マッジョーレ］ 兄
fratello minore ［フラテッロ　ミノーレ］ 弟

□ **figlia**　女 娘
フィッリャ

□ **figlio**　男 息子
フィッリョ

□ **genitori**　男 (複数形で)両親
ジェニトーリ

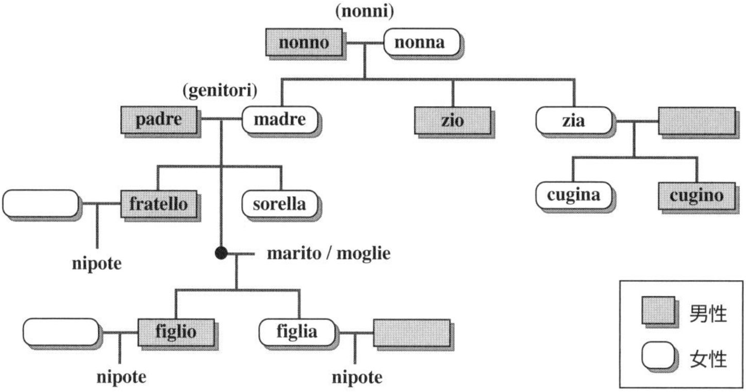

☐ **madre**《マードレ》　女 母

関連語 **mamma** [マンマ]（母への愛称）ママ

☐ **padre**《パードレ》　男 父

関連語 **papà** [パパ]，**babbo** [バッボ]（父への愛称）パパ

☐ **marito**《マリート》　男 夫

☐ **moglie**《モッリエ》　女 妻

☐ **nipote**《ニポーテ》　男女 おい，めい／孫

☐ **nonna**《ノンナ》　女 祖母

☐ **nonno**《ノンノ》　男 祖父

関連語 **i nonni** [イ　ノンニ]（男性複数形で）祖父母

☐ **zia**《ツィーア／ヅィーア》　女 おば

☐ **zio**《ツィーオ／ヅィーオ》　男 おじ

身体の部位（□ parti del corpo [パルティ　デル　コルポ] 男） 061

□ **barba**《バルバ》 女 あごひげ

□ **bocca**《ボッカ》 女 口

□ **braccio**《ブラッチョ》 男 腕（複 女）le braccia

□ **capello**《カペッロ》 男 髪の毛／（複 i capelliで）頭髪

□ **ciglio**《チッリョ》 男 まつ毛／（複 女）le ciglia

□ **collo**《コッロ》 男 首

□ **coscia**《コッシャ》 女 ふともも

□ **dente**《デンテ》 男 歯／（複）i denti

□ **dito**《ディート》 男 指／（複 女）le dita

□ **faccia**《ファッチャ》 女 顔

□ **gamba**《ガンバ》 女 脚

□ **ginocchio**《ジノッキオ》 男 ひざ（両ひざはle ginocchia）

□ **gola**《ゴーラ》 女 喉

□ **gomito**《ゴミト》 男 ひじ

□ **guancia**《グアンチャ》 女 ほお

□ **labbro**《ラッブロ》 男 唇／（複 女）le labbra

□ **lingua**《リングア》 女 舌

□ **mano**《マーノ》 女 手／（複 女）le mani

□ **naso**《ナーゾ》 男 鼻

□ **occhio**《オッキオ》 男 目／(複) gli occhi

□ **orecchio**《オレッキオ》 男 耳／(複) gli orecchiまたはle orecchie

□ **palpebra**《パルペブラ》 女 まぶた／(複) le palpebre

□ **pancia**《パンチャ》 女 腹

□ **petto**《ペット》 男 胸

□ **piede**《ピエーデ》 男 足(くるぶしから下)

□ **schiena**《スキエーナ》 女 背中

□ **sedere**《セデーレ》 男 尻

□ **sopracciglio**《ソプラッチーリョ》 男 まゆ毛／(複 女) le sopracciglia

□ **spalla**《スパッラ》 女 肩／(複 le spalleで)両肩，背中(上部)

□ **testa**《テスタ》 女 頭

□ **unghia**《ウンギア》 女 爪／(複) le unghie

単位

長さ，重さ，量 ・・・・・・・・・・・・・・・・・・・・・・・・・・・・ 062

□ **centimetro**《チェンティーメトロ》 センチメートル

□ **metro**《メトロ》 メートル

□ **chilometro**《キローメトロ》 キロメートル

□ **grammo**《グランモ》 グラム

☐ **etto**《エット》 100グラム

☐ **chilo**《キーロ》 キログラム

☐ **litro**《リトロ》 リットル

☐ **decilitro**《デチーリトロ》 デシリットル

貨幣, 計算 ……………………………… 063

☐ **euro**《エウロ》 ユーロ

▶ 無変化です。

☐ **centesimo**《チェンテーズィモ》 セント

▶ 複数形になるとcentesimiと語尾変化します。

☐ **dollaro**《ドッラロ》 ドル

▶ 複数形になるとdollariと語尾変化します。

☐ **yen**《イエン》 円

▶ 無変化です。

☐ **per cento**《ペル チェント》 パーセント

パソコン・機器・通信など ……………………………… 064

☐ **allegato**《アッレガート》 男 添付

☐ **cuffie**《クッフィエ》 女 複 ヘッドホン

関連語 **cuffie con microfono** マイク付きヘッドホン

☐ **dato**《ダート》 男 データ

□ **indirizzo**《インディリッツォ》 男 アドレス

関連語 **indirizzo e-mail** メールアドレス

□ **linea**《リーネア》 女 回線

関連語 **(linea) digitale** デジタル回線

□ **memoria**《メモーリア》 女 メモリー，記憶装置

□ **mouse**《マウス》 男 マウス

関連語 **tappetino del mouse** マウスパッド

□ **remoto**《レモート》 男 リモート

関連語 **lavorare da remoto** リモートワークをする

□ **rete**《レーテ》 女 ネットワーク，通信網

□ **ricerca**《リチェルカ》 女 検索

関連語 **motore di ricerca** 検索エンジン

□ **salvataggio**《サルヴァタッジョ》 男 保存

□ **scanner**《スカンネル》 男 スキャナー（定冠詞を付ける場合lo scannerとなる）

□ **schermo**《スケルモ》 男 モニター，スクリーン

□ **sito**《スィート》 男 ウェブサイト

関連語 **sito Internet** インターネットのホームページ
sito ufficiale 公式サイト

□ **stampante**《スタンパンテ》 女 プリンター

□ **tastiera**《タスティエーラ》 女 キーボード

□ **tasto**《タスト》 男（キーボードの）キー

☐ **videochiamata**《ヴィデオキアマータ》 女 ビデオ通話

☐ **videogiochi**《ヴィデオジョーキ》 男 複（テレビ，ビデオ）ゲーム

関連語 **(video)giochi online** オンラインゲーム

☐ **web**《ウェブ》 男 ウェブ，インターネット（定冠詞を付ける場合il webとなる）

☐ **webcam**《ウェブカム》 女 ウェブカメラ（定冠詞を付ける場合 la webcamとなる）

☐ **wi-fi**《ワイファイ》 男 wi-fi（定冠詞を付ける場合 il wi-fiとなる）

病気・感染など ･･････････････････････････ 065

☐ **antibiotico**《アンティビオーティコ》 男 抗生物質

☐ **diarrea**《ディアッレーア》 女 下痢

☐ **effetto**《エッフェット》 男 影響，作用

関連語 **effetti collaterali** 副作用

☐ **febbre**《フェッブレ》 女 熱

☐ **infiammazione**《インフィアンマツィオーネ》 女 炎症

☐ **influenza**《インフルエンツァ》 女 インフルエンザ

関連語 **influenza suina (aviaria)** 豚（鳥）インフルエンザ，
nuova influenza A 新型インフルエンザA型

☐ **iniezione**《イニエツィオーネ》 女 注射

関連語 **vaccinazione** 予防接種

☐ **nausea**《ナウゼア》 女 吐き気

- □ **pandemia**《パンデミーア》 女 パンデミック，世界的流行病
- □ **raffreddore**《ラッフレッドーレ》 男 風邪
- □ **tosse**《トッセ》 女 咳
- □ **vaccino**《ヴァッチーノ》 男 ワクチン
- □ **vertigini**《ヴェルティージニ》 女 複 めまい
- □ **virus**《ヴィルス》 男 ウイルス

  関連語 **Nuovo Coronavirus** 新型コロナウィルス

政治・経済など ………………………… 066

- □ **attentato**《アッテンタート》 男 侵害，テロ行為
- □ **bilancio**《ビランチョ》 男 予算

  関連語 **budget** 男 予算（英語からの借用）
- □ **borsa**《ボルサ》 女 株，株式市場
- □ **campagna elettorale**《カンパーニャ エレットラーレ》 女 選挙運動
- □ **conto**《コント》 男 口座
- □ **deposito**《デポーズィト》 男 預入
- □ **elezioni**《エレツィオーニ》 女 複 選挙
- □ **esportazione**《エスポルタツィオーネ》 女 輸出
- □ **finanziamento**《フィナンツィアメント》 男 資金調達
- □ **governo**《ゴヴェルノ》 男 政府

☐ **importazione**《インポルタツィオーネ》 【女】 輸入

☐ **investimento**《インヴェスティメント》 【男】 投資

☐ **manifestazione**《マニフェスタツィオーネ》 【女】 デモ

☐ **ministro**《ミニストロ》 【男】 大臣，閣僚

☐ **partito**《パルティート》 【男】 政党

☐ **politico**《ポリーティコ》 【男】 政治家

☐ **prelievo**《プレリエーヴォ》 【男】 引き出し

☐ **premier**《プレーミエル》 【男】【女】 首相

☐ **presidente**《プレズィデンテ》 【男】【女】 大統領

☐ **prestito**《プレスティト》 【男】 貸付，ローン

☐ **rate**《ラーテ》 【女】【複】 月賦，分割払い

☐ **referendum**《レフェレンドゥム》 【男】 国民投票

☐ **sciopero**《ショーペロ》 【男】 ストライキ

☐ **sindaco**《スィンダコ》 【男】 市長

☐ **tasse**《タッセ》 【女】【複】 税金

【関連語】 **tassa di consumo**（**imposta sui consumi**） 消費税

☐ **terrorismo**《テッロリーズモ》 【男】 テロ

☐ **votazione**《ヴォタツィオーネ》 【女】 投票

形容詞

a ・・・・・・・・・・・・・・・・・・・・・・・・・・・・・・ 067

□ **accanto**《アッカント》

（無変化）そばの，すぐ近くの，（a ...）～のすぐ近くに

La mia camera è al primo piano e quella di mia sorella è accanto alla mia.

私の部屋は 2 階にあり，姉の部屋はその隣りにあります。

□ **alcuno**《アルクーノ》

いくつかの，何人かの

È nevicato alcuni giorni fa.

数日前に雪が降りました。

Alcuni amici non sono venuti alla festa.

何人かの友人は，パーティーに来ませんでした。

□ **alto**《アルト》

高い

Silvia è quella ragazza molto alta e con gli occhiali.

シルヴィアはとても背が高くて眼鏡をかけた女の子です。

Leggete a voce alta queste frasi.

これらの文章を大きな声で読んでください。

□ **altro**《アルトゥロ》

ほかの

Questa camicia non mi piace. Ne posso provare un'altra?

このシャツは気に入りません。ほかのシャツを試着できますか？

☐ **ammobiliato**《アンモビリアート》　家具付きの

Mariko ha preso in affitto un appartamento ammobiliato.

マリコは家具付きの部屋を借りました。

☐ **ampio**《アンピオ》　広い，ゆったりした

L'appartamento ha due stanze ampie, la cucina e i servizi.

そのアパートには広い２つの部屋とキッチンと浴室があります。

☐ **antico**《アンティーコ》　古めいた，アンティークな

C'è un bell'orologio antico in questa stanza.

この部屋には，古めいた素敵な時計があります。

☐ **anziano**《アンツィアーノ》　年をとった，年長の

Il signor Moretti è più anziano di me.

モレッティさんは私よりも年配です。

☐ **aperto**《アペルト》　あいた，開いている

Questo negozio è aperto anche la domenica.

この店は日曜日も開いています。

☐ **assoluto**《アッソルート》　絶対の，絶対的な

Hai l'assoluta libertà di fare come preferisci.

君には好きなようにする絶対的な自由があります。

☐ **atmosferico**《アトモスフェリコ》　大気の

Le condizioni atmosferiche non sembrano molto buone.

大気の状態はあまり良さそうではありません。

☐ **attento**
アッテント

注意した，気をつけた

Se stai attento durante la spiegazione, capisci tutto.

説明のときに注意していれば，あなたはすべてわかりますよ。

☐ **attivo**
アッティーヴォ

活動的な，精力的な，活発な

Fare una vita attiva aiuta a stare bene.

活動的な生活をすることは，元気でいることの助けになります。

☐ **automatico**
アウトマーティコ

自動の，自動的な

Per comprare il biglietto c’è la biglietteria automatica.

切符を買うために，自動券売機があります。

b

068

☐ **basso**
バッソ

低い

Il dizionario è nello scaffale più basso.

辞書は一番低い本棚に入っています。

☐ **bello**
ベッロ

きれいな，すばらしい

Rosa ha dei begli occhi.

ローザはきれいな目をしています。

Fa bel tempo oggi.

今日は天気がいい。

☐ **bianco**
ビアンコ

白い

La mia gatta ha tre gattini e sono tutti bianchi.

私の猫が3匹の子を産んで，それらがぜんぶ白なんです。

☐ **biondo**《ビオンド》

金髪の，ブロンドの

Cristina ha i capelli biondi.

クリスティーナは金髪です。

☐ **bravo**《ブラーヴォ》

優れた，じょうずな

Giulia è brava a cucinare.

ジュリアは料理をするのがじょうずです。

☐ **breve**《ブレーヴェ》

短い

Gli ho scritto una breve e-mail per confermare l’appuntamento.

約束を確認するために，私は彼に短いEメールを書きました。

☐ **brutto**《ブルット》

醜い，悪い，ひどい

I primi giorni erano sereni, ma poi è cominciato il brutto tempo.

最初の何日かは晴れていましたが，その後天気が悪くなりました。

☐ **buono**《ブオーノ》

良い，親切な，おいしい

Angela è stata sempre buona con me.

アンジェラはいつも僕によくしてくれました。

Questi spaghetti sono molto buoni.

このスパゲッティはとてもおいしい。

C

069

☐ **caldo**《カルド》

熱い，暑い

In agosto fa molto caldo soprattutto nel Sud Italia.
8 月にはとりわけ南イタリアはとても暑くなります。

☐ **carino**
カリーノ

かわいらしい，きれいな
La mia nuova casa è piccola, ma comoda e carina.
私の新しい家は小さいけれど，住みやすくてきれいです。

☐ **caro**[1]
カーロ

愛おしい，親愛なる
Gianni è un mio caro amico.
ジャンニは私の親友です。

☐ **caro**[2]
カーロ

高い，高価な
La vita a Venezia è molto cara.
ヴェネツィアでの生活はとても高くつきます。

☐ **cattivo**
カッティーヴォ

悪い
Mia madre è di cattivo umore.
母は機嫌が悪いのです。

☐ **chiuso**
キウーゾ

閉じた，閉店した
Questo negozio è chiuso dalle 13 alle 16.
この店は 13 時から 16 時まで閉まっています。

☐ **classico**
クラッスィコ

古典の，古典的な
Gli autori classici hanno avuto una grande influenza nella letteratura.
古典の作家たちは，文学に多大な影響を及ぼしました。

☐ **commerciale**《コンメルチャーレ》　商業の

In questa zona della città c’è un grande centro commerciale.

町のこの地域に，大きなショッピングセンターがあります。

☐ **comodo**《コーモド》　快適な，便利な

Abito in questo appartamento perché è comodo.

私は快適なのでこのアパートに住んでいます。

☐ **corto**《コルト》　短い

Martina porta i capelli corti.

マルティーナは短い髪をしています。

☐ **cotto**《コット》　(加熱して)料理した，焼いた

Vorrei una bistecca ben cotta, per favore.

よく焼いたステーキをお願いしたいのですが。

☐ **credibile**《クレディービレ》　信頼できる

La sua spiegazione non è credibile.

彼の説明は信頼できません。

☐ **crudo**《クルード》　生の

Ti piace il pesce crudo?

あなたは生魚は好きですか？

☐ **culturale**《クルトゥラーレ》　文化の

Il livello culturale è migliorato.

文化的水準は向上しました。

□ **difficile**
ディッフィーチレ

むずかしい
L'economia giapponese è in una situazione difficile.
日本の経済は困難な状況にあります。

□ **digitale**
ディジターレ

デジタルの
Le foto fatte con una macchina digitale sono molto più belle.
デジタルカメラで撮った写真は，これまで以上にたいへんきれいです。

□ **diretto**
ディレット

直接の
C'è un treno diretto per Roma verso le sei?
6時頃，ローマ行きの直通電車はありますか？

□ **divertente**
ディヴェルテンテ

たのしい，おもしろい
La festa di ieri era molto divertente.
昨日のパーティーはとてもたのしいものでした。

□ **dolce**
ドルチェ

甘い，やさしい
Questa torta è troppo dolce.
このケーキは甘すぎます。

□ **doppio**
ドッピオ

倍の，2倍の
C'è una camera doppia per questa notte?
今晩，ツインの部屋はありますか？

e 071

☐ **economico** 経済的な，安あがりな
エコノーミコ
Sto cercando un appartamento economico.
私は安いアパートを探しています。

☐ **elegante** 上品な，優雅な
エレガンテ
Alla festa la signora Ferri portava un abito da sera molto elegante.
パーティーでフェッリ夫人はとても上品なイブニングドレスを着ていました。

☐ **estivo** 夏の，夏用の
エスティーヴォ
A Parigi frequenterò un corso estivo di francese.
私はパリで，フランス語の夏期講習に通うつもりです。

f 072

☐ **famoso** 有名な
ファモーゾ
Giovanni è diventato un famoso scrittore.
ジョヴァンニは作家として有名になりました。

☐ **faticoso** 疲れさせる，困難な，骨の折れる
ファティコーゾ
Questo lavoro è molto faticoso, ma devo finirlo entro domani.
この仕事はたいへん骨が折れますが，私は明日中にはそれを終えなければなりません。

☐ **fondamentale** 基本的な
フォンダメンターレ
La cosa fondamentale è rimanere sempre in contatto.

基本的なことは，いつも連絡を取ることです。

□ **forte**
フォルテ

強い

Marco è molto forte: ieri mi ha aiutato a spostare il frigorifero!

マルコはとても力が強いんですよ。昨日，私が冷蔵庫を移動するのを手伝ってくれたの！

□ **fortunato**
フォルトゥナート

幸運な

Sei fortunato ad avere tanti buoni amici.

君はたくさんの良い友人に恵まれて幸運だ。

□ **freddo**
フレッド

寒い，冷たい

Lo spumante va servito freddo.

スプマンテ（発泡性ワイン）は冷やして出されるべきです。

g 073

□ **gelido**
ジェリド

氷のように冷たい，ひどく寒い

Fa un freddo gelido oggi.

今日は凍るような寒さです。

□ **gentile**
ジェンティーレ

親切な，やさしい

Ho conosciuto alcuni giovani italiani e sono tutti gentili.

私は何人かのイタリア人の若者と知り合いましたが，みんな親切です。

□ **giovane**
ジョーヴァネ

若い

Paolo non è così giovane come sembra.

パオロは見た目ほど若くはありません。

☐ **grande**
グランデ

大きい，偉大な

Ho provato queste scarpe, ma sono troppo grandi.

この靴をはいてみましたが，大きすぎます。

☐ **grave**
グラーヴェ

重大な

Il professor Renzi si è accorto di un grave errore.

レンツィ先生は重大な間違いに気がつきました。

☐ **grazioso**
グラツィオーゾ

優美な，かわいらしい，快適な

Giovanna ha un cagnolino molto grazioso. Si chiama Fuffi.

ジョヴァンナはとてもかわいらしい小犬を飼っています。フッフィといいます。

i

074

☐ **importante**
インポルタンテ

重要な，大切な

Il contatto diretto con la madre è importante per il piccolo.

母親との直接の触れ合いは，小さな子にとって大切です。

☐ **impossibile**
インポッスィービレ

不可能な，ありえない

Mi sembra impossibile riuscire a passare quell'esame.

その試験に合格するのは，私には不可能に思われます。

☐ **incluso**
インクルーゾ

含めた，込みの

Quanto costa la camera?

— 120 euro inclusa la colazione.
その部屋はおいくらですか？
— 朝食込みで 120 ユーロです。

☐ **incredibile** 信じられない
インクレディービレ
Quello che sta succedendo è davvero incredibile.
今起きていることは，本当に信じられません。

☐ **interessante** おもしろい，興味深い
インテレッサンテ
Mio fratello compra sempre delle riviste interessanti.
私の兄はいつもおもしろい雑誌を買ってきます。

☐ **internazionale** 国際的な
インテルナツィオナーレ
Prima di tutto dobbiamo parlare della situazione internazionale.
何よりまず私たちは国際情勢について話し合いをしなければなりません。

l 075

☐ **leggero** 軽い
レッジェーロ
Da mangiare avete qualcosa di leggero?
食べるもので，何か軽いものはありますか？

☐ **libero** 自由な，空いた
リーベロ
Che cosa fai nel tempo libero?
君は暇なとき，何をしているの？

☐ **lirico** 叙情的な
リーリコ
L’opera lirica è molto importante nella storia della musica in Italia.

オペラ（叙情歌劇）はイタリアの音楽史においてたいへん重要です。

□ **locale**
ロカーレ

地方の，地元の，その土地の
Questo è un vino locale, prodotto solo in questa zona.
これは地元のワインで，この地域だけで作られています。

□ **lontano**
ロンターノ

遠い
Il museo non è lontano da qui, puoi andarci a piedi.
美術館はここから遠くありません。歩いていけますよ。

□ **luminoso**
ルミノーゾ

明るい
La mia camera è molto luminosa e graziosa.
私の部屋は，とても明るくて快適です。

□ **lungo**
ルンゴ

長い
Vorrei una camicia con le maniche lunghe.
長袖のシャツがほしいのですが。

m

076

□ **medico**
メーディコ

医学の，医者の
Per l'assicurazione ho bisogno di un certificato medico.
保険のために，私には医者の診断書が必要です。

□ **medievale**
メディエヴァーレ

中世の
San Gimignano è una città ricca di palazzi

medievali.
サン・ジミニャーノは中世の建物が豊富に残る町です。

☐ **meraviglioso** すばらしい，驚くほどの
メラヴィッリョーゾ
È un panorama meraviglioso.
すばらしい景色ですね。

☐ **mitologico** 神話の
ミトロージコ
Gli affreschi di questa stanza rappresentano temi mitologici.
この部屋のフレスコ画は，神話の主題を表しています。

☐ **molto** 多くの，たくさんの
モルト
C’era molta gente al concerto di ieri.
昨日のコンサートにはたくさんの人が来ていました。

n 077

☐ **naturale** 自然の，当然な，生まれつきの
ナトゥラーレ
Dobbiamo cercare di mantenere l’ambiente naturale senza danneggiarlo.
私たちは自然環境を破壊することなく守っていかねばなりません。
Vorrei un’acqua minerale naturale.
炭酸のないミネラル・ウォーターがほしいのですが。

☐ **nazionale** 国の，国民の，全国の
ナツィオナーレ
La produzione nazionale di vino è importante per l’esportazione.

全国的なワインの生産は，輸出のために大切なものなのです。

☐ **noioso**
ノイオーゾ

退屈な，つまらない

Non ti consiglio di vedere quel film: è noiosissimo.

私はあなたにその映画を観るのを勧めません。とても退屈なのです。

☐ **normale**
ノルマーレ

普通の，正常な

Per Stefano è normale arrivare in ritardo.

ステーファノが遅刻をするのはいつものことです。

☐ **notevole**
ノテーヴォレ

著しい，めざましい，注目に値する

Ha ottenuto un successo notevole dopo il primo film.

最初の映画のあと，彼はめざましい成功を手にしました。

☐ **nuovo**
ヌオーヴォ

新しい

La nuova macchina di mio padre è tedesca.

私の父の新しい車はドイツ製です。

☐ **nuvoloso**
ヌヴォローゾ

曇った

Il tempo oggi è nuvoloso, speriamo che non piova!

今日の天気は曇りです。雨が降らないことを願いましょう！

O

078

☐ **occupato**
オックパート

忙しい，空いていない

Mi dispiace, non posso venire a casa tua perché

sono occupata stasera.
ごめんなさい。今晩用事があるので，あなたの家には行けません。

p 079

☐ **parecchio**《パレッキオ》 かなりの，相当な

Sono stato a Venezia parecchie volte.
僕はヴェネツィアへ何度も行ったことがあります。

☐ **pendente**《ペンデンテ》 垂れた，傾斜した

Pisa è la città della famosa torre pendente.
ピサは有名な斜塔の町です。

☐ **pesante**《ペザンテ》 重い，（食べ物が）もたれる，（布地が）厚い

La bistecca è troppo pesante per me.
私にはステーキはもたれすぎます。
Quando andiamo in montagna, è meglio portare un cappotto pesante.
山へ行くときには，厚手のコートを着て行く方がよいです。

☐ **piacevole**《ピアチェーヴォレ》 愉快な，心地よい

Niente è piacevole come cucinare.
料理をするくらい楽しいことはありません。

☐ **piccolo**《ピッコロ》 小さい

Ho provato queste scarpe, ma sono un po' troppo piccole.
この靴を履いてみましたが，ちょっと小さすぎます。

□ **pieno**《ピエーノ》　いっぱいの

Questo cassetto è pieno di roba, non si capisce niente!

この引き出しは物でいっぱいで，何が何やらわかりません！

□ **poco**《ポーコ》　少しの，わずかな，ほとんどない

Ho poca fame, prendo solo un panino.

私はあまりお腹がすいていません。パニーノを 1 つだけ食べます。

□ **popolare**《ポポラーレ》　民衆の，大衆の，人気のある

Le tradizioni popolari continuano da secoli in molte zone d'Italia.

民衆の伝統は，イタリアの多くの地域で，何世紀にもわたり続いています。

□ **possibile**《ポッスィービレ》　可能な，ありうる

È possibile arrivare alla stazione in dieci minuti, ma devi prendere il taxi.

10 分で駅に着くことは可能ですが，タクシーに乗らなければいけませんよ。

□ **prezioso**《プレツィオーゾ》　貴重な，高価な

Un oggetto prezioso mi sembra il regalo più adatto per Luisa.

私には，高価な物がルイーザに一番ぴったりの贈り物に思われます。

□ **principale**《プリンチパーレ》　主要な，重要な

Il punto principale della questione è sapere entro

quando dobbiamo finire questo lavoro.
問題の重要な点は，私たちがいつまでにこの仕事を終えなければならないかを知ることです。

□ **privato**
プリヴァート

私的な，個人的な
Quando era piccola, studiava con un insegnante privato.
彼女は子どもの頃，家庭教師と勉強をしていました。

□ **pronto**
プロント

準備のできた
La cena è quasi pronta.
もうすぐ夕食ができますよ。

□ **prossimo**
プロッスィモ

次の，今度の
Il mese prossimo andremo in Italia e vedremo i nostri amici.
来月，私たちはイタリアへ行って，友人たちに会う予定です。

r

080

□ **rapido**
ラピド

速い，すばやい
Il cameriere ha fatto un rapido calcolo.
ウエーターはすばやく計算をしました。

□ **raro**
ラーロ

まれな，めずらしい
È raro trovare un'insegnante brava come lei.
彼女のように優秀な教師はめったに見つかりません。

☐ **regolare** 規則的な，正規の
レゴラーレ
Per stare meglio devi fare una vita più regolare.
具合が良くなるためには，もっと規則正しい生活をしなければいけませんよ。

☐ **ricco** 金持ちの，裕福な
リッコ
L’Italia è un paese ricco di storia e di arte.
イタリアは歴史と芸術が豊かな国です。

☐ **rinascimentale** ルネッサンス（期）の
リナシメンターレ
Questo è un palazzo rinascimentale molto famoso.
これはとても有名なルネッサンス期の建物です。

☐ **rotto** 壊れた，折れた
ロット
Il mio computer è rotto, non posso connettermi a Internet.
私のパソコンが壊れました。インターネットに接続できません。

☐ **rumoroso** うるさい，騒々しい
ルモローゾ
All’ora di punta c’era traffico e la strada era molto rumorosa.
ラッシュアワーには，渋滞して，道路はとてもうるさかったのです。

S　081

☐ **scomodo** 快適でない，不便な
スコーモド
Abitare in periferia può essere scomodo, ma è più rilassante che abitare in centro.
郊外に住むことは不便なことかもしれませんが，町

の中心に住むよりもくつろげます。

☐ **scorso**
スコルソ

この前の，先～

La settimana scorsa abbiamo frequentato un corso di cucina italiana.

先週，私たちはイタリア料理教室に通いました。

☐ **scuro**
スクーロ

暗い，（色が）黒っぽい

Gloria è quella ragazza dagli occhi scuri.

グロリアはあの黒い目をした女の子です。

☐ **semplice**
センプリチェ

単純な，簡単な

Questo esercizio è molto semplice, lo farai senza difficoltà.

この練習問題はとても簡単です。あなたは苦もなく，それをやってのけるでしょう。

☐ **sereno**
セレーノ

晴れた

La TV ha detto che domani il tempo sarà sereno.

テレビでは，明日の天気は晴れだと言っていました。

☐ **serio**
セーリオ

まじめな

Andrea è uno studente serio ed è molto bravo in matematica.

アンドレアはまじめな生徒で，数学が得意です。

☐ **sicuro**
スィクーロ

安全な，確実な

Non sono sicuro di poter venire da te domani.

私は明日あなたのところへ行けるかどうか，確かではありません。

☐ **silenzioso**
スィレンツィオーゾ

静かな，無口な

Assisi è una città antica e silenziosa.

アッシジは古くて静かな町です。

☐ **simpatico**
スィンパーティコ

感じのよい，好感のもてる

Ho conosciuto Luigi ieri: è molto simpatico.

昨日，私はルイージと知り合いました。彼はとても感じが良いです。

☐ **solito**
ソーリト

いつもの，習慣的な

Se puoi uscire con noi stasera, alle sei ci vediamo al solito posto.

もし今晩，僕らといっしょに出かけられるなら，6時にいつもの場所で会おう。

☐ **speciale**
スペチャーレ

特別の

Che cosa hai fatto domenica?

— Niente di speciale. Ho guardato un film alla TV.

日曜日は何をしたの？

— 特に何も。テレビで映画を見たよ。

☐ **spesso**
スペッソ

厚い，濃い

Il vetro di queste finestre è molto spesso.

これらの窓のガラスはとても分厚いです。

☐ **stanco**
スタンコ

疲れた

Sono tanto stanco che non posso neanche parlare.

僕は疲れすぎて，口もきけません。

☐ **stradale**《ストゥラダーレ》

道路の

Le regole di sicurezza stradale devono essere rispettate.

交通安全の規則は守られるべきです。

☐ **straniero**《ストゥラニエーロ》

外国の

Molti turisti stranieri vengono a visitare questo tempio.

たくさんの外国人観光客がこの寺院を訪ねてやってきます。

☐ **stretto**《ストゥレット》

狭い，窮屈な，きつい

Questa gonna è troppo stretta.

このスカートはきつすぎます。

t　082

☐ **tanto**《タント》

たくさんの

In piazza Navona c'è tanta gente.

ナヴォーナ広場にはたくさんの人がいます。

☐ **teatrale**《テアトゥラーレ》

演劇の

Gli spettacoli teatrali cominciano alle 21.00.

演劇の上演は 21 時に始まります。

☐ **tenero**《テーネロ》

柔らかい

Quando la carne è tenera, è molto buona.

柔らかい肉は，とてもおいしい。

☐ **timido**《ティーミド》

引っ込み思案の，気が弱い

Andrea è un ragazzo molto timido.

アンドレアはとても恥ずかしがりな男の子です。

☐ **tradizionale**《トゥラディツィオナーレ》 伝統的な

Il Palio è una corsa di cavalli tradizionale di Siena.

パリオはシエナに古くから伝わる競馬です。

☐ **tranquillo**《トゥランクイッロ》 おとなしい，落ち着いた，静かな

La vita in città è troppo faticosa, vorrei andare a vivere in un posto tranquillo.

都会の生活はたいへん過ぎます。私は静かなところへ行って暮らしたいのです。

☐ **turistico**《トゥリースティコ》 観光の

Vorrei prenotare una gita turistica.

観光ツアーを予約したいのですが。

☐ **tutto**《トゥット》 すべての，全部の

A Firenze ho girato per la città tutto il giorno.

私はフィレンツェで，一日中町を散策しました。

u

083

☐ **uguale**《ウグアーレ》 等しい，似たような

Questi due palazzi sono di uguale grandezza.

この 2 つの建物は同じ大きさです。

☐ **ultimo**《ウルティモ》 最後の，最新の

Mio fratello ha comprato una macchina fotografica di ultimo modello.

私の兄は最新型のカメラを買いました。

☐ **umido**《ウーミド》
湿った，湿潤な
L'estate giapponese è calda e umida.
日本の夏は暑くて湿度が高いのです。

☐ **unico**《ウーニコ》
唯一の，比類のない
Giovanni è figlio unico.
ジョヴァンニは一人息子です。

☐ **urgente**《ウルジェンテ》
緊急の
C'è una chiamata urgente per Lei.
あなたに緊急の電話が入っていますよ。

☐ **utile**《ウーティレ》
役に立つ，有益な
Sarà utile leggere questo libro prima dell'esame.
試験の前にこの本を読んでおくと役に立つでしょう。

V

084

☐ **vario**《ヴァーリオ》
いろいろな，変化にとんだ
Mia madre sa cucinare vari piatti di cucina cinese.
母はいろんな種類の中華料理を作れます。

☐ **vasto**《ヴァースト》
広い，広大な
Il signor Benucci possiede una vasta estensione di terra.
ベヌッチさんは広大な土地を所有しています。

☐ **vecchio**《ヴェッキオ》
古い，年老いた
È un frigorifero vecchio, ma funziona bene.
古い冷蔵庫だけど，調子はいいですよ。

□ **veloce**《ヴェローチェ》

速い

La Ferrari è una macchina molto veloce.

フェラーリはとても速い車です。

□ **vero**《ヴェーロ》

本当の，正しい

La sua storia è incredibile, ma vera.

彼の話は信じがたいのですが，本当のことです。

□ **vicino**《ヴィチーノ》

近くの

Alcuni alberghi vicini alla stazione sono abbastanza economici.

駅の周辺のいくつかのホテルはかなり（料金が）安いです。

□ **vietato**《ヴィエタート》

（vietareの過去分詞）禁じられた，禁止

vietato fumare　禁煙

vietato l’ingresso　入場禁止

□ **vivace**《ヴィヴァーチェ》

活発な，鋭い，鮮やかな

Mi piacciono i colori vivaci come il rosso e il giallo.

私は赤や黄色のような鮮やかな色が好きです。

Z

085

□ **zitto**《ツィット》

黙っている，静かな

Dovete stare zitti durante la lezione.

授業中は静かにしていなければなりません。

色（□ colori ［コローリ］ 複 < colore ［コローレ］ 男）に関わる形容詞

086

（語尾変化あり）

- □ **azzurro**《アッヅッロ》 青
- □ **bianco**《ビアンコ》 白
- □ **giallo**《ジャッロ》 黄
- □ **grigio**《グリッジョ》 グレー
- □ **marrone**《マッローネ》 茶
- □ **nero**《ネーロ》 黒
- □ **rosso**《ロッソ》 赤
- □ **verde**《ヴェルデ》 緑

（語尾変化なし）

- □ **arancione**《アランチョーネ》 オレンジ
- □ **beige**《ベイジェ》 ベージュ
- □ **blu**《ブル》 青／紺
- □ **rosa**《ローザ》 ピンク
- □ **viola**《ヴィオーラ》 紫

数詞・基数

087

- □ **zero**《ゼーロ》 0
- □ **uno**《ウーノ》 1
- □ **due**《ドゥエ》 2
- □ **tre**《トゥレ》 3
- □ **quattro**《クアットロ》 4
- □ **cinque**《チンクェ》 5
- □ **sei**《セイ》 6
- □ **sette**《セッテ》 7
- □ **otto**《オット》 8
- □ **nove**《ノーヴェ》 9
- □ **dieci**《ディエーチ》 10
- □ **undici**《ウンディチ》 11
- □ **dodici**《ドーディチ》 12
- □ **tredici**《トゥレディチ》 13
- □ **quattordici**《クアットルディチ》 14
- □ **quindici**《クインディチ》 15
- □ **sedici**《セーディチ》 16
- □ **diciassette**《ディチャッセッテ》 17
- □ **diciotto**《ディチョット》 18
- □ **diciannove**《ディチャンノーヴェ》 19

20以上の2桁の数字は，10の位に1～9を結合させて作ります。1 (uno) と8 (otto) のときの発音に注意しましょう（10の位の語尾母音が落ちて結合)。また23など，3で終わる数字では，表記するとき -tré と最後にアクセント記号を付けます。

- ☐ **venti**《ヴェンティ》 20
- ☐ **ventuno**《ヴェントゥーノ》 21
- ☐ **ventidue**《ヴェンティドゥエ》 22
- ☐ **ventitré**《ヴェンティトゥレ》 23
- ☐ **ventiquattro**《ヴェンティクアットロ》 24
- ☐ **venticinque**《ヴェンティチンクェ》 25
- ☐ **ventisei**《ヴェンティセイ》 26
- ☐ **ventisette**《ヴェンティセッテ》 27
- ☐ **ventotto**《ヴェントット》 28
- ☐ **ventinove**《ヴェンティノーヴェ》 29
- ☐ **trenta**《トゥレンタ》 30
- ☐ **quaranta**《クアランタ》 40
- ☐ **cinquanta**《チンクアンタ》 50
- ☐ **sessanta**《セッサンタ》 60
- ☐ **settanta**《セッタンタ》 70
- ☐ **ottanta**《オッタンタ》 80
- ☐ **novanta**《ノヴァンタ》 90

3桁の場合は，まずcentoの前に1～9を結合させて100の位を表し，その直後に2桁以下の数字を結合させて作ります。このとき，centoは語尾変化しないことに注意しましょう。

- ☐ **cento**《チェント》 100
- ☐ **cinquecento**《チンクェチェント》 500
- ☐ **novecentocinquanta**《ノヴェチェントチンクアンタ》 950

4桁は1000のときのみmille。2000以上の1000の位はすべてmilaと変化します。

- ☐ **mille**《ミッレ》 1000
- ☐ **duemilacinque**《ドゥエミーラチンクェ》 2005
- ☐ **cinquemila**《チンクェミーラ》 5000
- ☐ **diecimila**《ディエチミーラ》 10000

数詞・序数 088

序数は形容詞と同じように，それが関わる名詞の性と数によって語尾変化することに注意しましょう。また，11 以上の場合は，基数の語尾母音をとり -esimo を付けると序数を作ることができます。

- ☐ **primo**《プリーモ》**(a, i, e)** 第1の，1番目の
- ☐ **secondo**《セコンド》 第2の，2番目の
- ☐ **terzo**《テルツォ》 第3の，3番目の
- ☐ **quarto**《クアルト》 第4の，4番目の
- ☐ **quinto**《クイント》 第5の，5番目の
- ☐ **sesto**《セスト》 第6の，6番目の
- ☐ **settimo**《セッティモ》 第7の，7番目の
- ☐ **ottavo**《オッターヴォ》 第8の，8番目の
- ☐ **nono**《ノーノ》 第9の，9番目の
- ☐ **decimo**《デーチモ》 第10の，10番目の
- ☐ **undicesimo**《ウンディチェーズィモ》 第11の，11番目の
- ☐ **ventesimo**《ヴェンテーズィモ》 第20の，20番目の

イタリアの主要都市と形容詞 089

□ **Ancona**《アンコーナ》 アンコーナ

□ **anconetano**《アンコネターノ》 アンコーナの，アンコーナの人

□ **Bari**《バーリ》 バーリ

□ **barese**《バレーゼ》 バーリの，バーリの人

□ **Bologna**《ボローニャ》 ボローニャ

□ **bolognese**《ボロニェーゼ》 ボローニャの，ボローニャの人

□ **Cagliari**《カッリャリ》 カリアリ

□ **cagliaritano**《カッリャリターノ》 カリアリの，カリアリの人

□ **Firenze**《フィレンツェ》 フィレンツェ

□ **fiorentino**《フィオレンティーノ》 フィレンツェの，フィレンツェの人

□ **Genova**《ジェーノヴァ》 ジェノヴァ

□ **genovese**《ジェノヴェーゼ》 ジェノヴァの，ジェノヴァの人

□ **Milano**《ミラーノ》 ミラノ

□ **milanese**《ミラネーゼ》 ミラノの，ミラノの人

□ **Napoli**《ナーポリ》 ナポリ

□ **napoletano**《ナポレターノ》 ナポリの，ナポリの人

□ **Palermo**《パレルモ》 パレルモ

□ **palermitano**《パレルミターノ》 パレルモの，パレルモの人

□ **Parma**《パルマ》 パルマ

□ **parmigiano**《パルミジャーノ》 パルマの，パルマの人／**parmense** [パルメンセ]（文語的）

□ **Perugia**《ペルージャ》 ペルージャ

□ **perugino**《ペルジーノ》 ペルージャの，ペルージャの人

□ **Pisa**《ピーサ》 ピサ

□ **pisano**《ピサーノ》 ピサの，ピサの人

□ **Roma**《ローマ》 ローマ

□ **romano**《ロマーノ》 ローマの，ローマの人

□ **Siena**《スィエーナ》 シエナ

□ **senese**《セネーゼ》 シエナの，シエナの人

□ **Torino**《トリーノ》 トリノ

□ **torinese**《トリネーゼ》 トリノの，トリノの人

□ **Venezia**《ヴェネーツィア》 ヴェネツィア

□ **veneziano**《ヴェネツィアーノ》 ヴェネツィアの，ヴェネツィアの人

地方の形容詞（代表的なもの） 090

□ **calabrese**《カラブレーゼ》 カラーブリアの，カラーブリアの人

□ **laziale**《ラツィアーレ》 ラツィオの，ラツィオの人

□ **lombardo**《ロンバルド》 ロンバルディアの，ロンバルディアの人

□ **piemontese**《ピエモンテーゼ》 ピエモンテの，ピエモンテの人

□ **pugliese**《プッリエーゼ》　プッリアの，プッリアの人

□ **sardo**《サルド》　サルデーニャの，サルデーニャの人

□ **siciliano**《スィチリアーノ》　シチリアの，シチリアの人

□ **toscano**《トスカーノ》　トスカーナの，トスカーナの人

国名と形容詞 ････････････････････････ 091

□ **America**《アメーリカ》　アメリカ

□ **americano**《アメリカーノ》　アメリカの，アメリカ人

□ **Argentina**《アルジェンティーナ》　アルゼンチン

□ **argentino**《アルジェンティーノ》　アルゼンチンの，アルゼンチン人

□ **Australia**《アウストラーリア》　オーストラリア

□ **australiano**《アウストラリアーノ》　オーストラリアの，オーストラリア人

□ **Austria**《アウストリア》　オーストリア

□ **austriaco**《アウストリーアコ》　オーストリアの，オーストリア人

□ **Brasile**《ブラズィーレ》　ブラジル

□ **brasiliano**《ブラズィリアーノ》　ブラジルの，ブラジル人

□ **Canada**《カーナダ》　カナダ

□ **canadese**《カナデーゼ》　カナダの，カナダ人

□ **Cina**《チーナ》　中国

□ **cinese**《チネーゼ》	中国の，中国人
□ **Francia**《フランチャ》	フランス
□ **francese**《フランチェーゼ》	フランスの，フランス人
□ **Germania**《ジェルマーニア》	ドイツ
□ **tedesco**《テデスコ》	ドイツの，ドイツ人
□ **Giappone**《ジャッポーネ》	日本
□ **giapponese**《ジャッポネーゼ》	日本の，日本人
□ **Grecia**《グレーチャ》	ギリシャ
□ **greco**《グレーコ》	ギリシャの，ギリシャ人
□ **Inghilterra**《インギルテッラ》	イギリス
□ **inglese**《イングレーゼ》	イギリスの，イギリス人
□ **Italia**《イターリア》	イタリア
□ **italiano**《イタリアーノ》	イタリアの，イタリア人
□ **Russia**《ルッスィア》	ロシア
□ **russo**《ルッソ》	ロシアの，ロシア人
□ **Spagna**《スパーニャ》	スペイン
□ **spagnolo**《スパニョーロ》	スペインの，スペイン人
□ **Svizzera**《ズヴィッツェラ》	スイス
□ **svizzero**《ズヴィッツェロ》	スイスの，スイス人

イタリアの20州　092

□ **Friuli-Venezia Giulia**	フリウリ＝ヴェネツィア・ジューリア
□ **Veneto**	ヴェネト
□ **Trentino-Alto Adige**	トレンティーノ＝アルト・アーディジェ
□ **Lombardia**	ロンバルディーア
□ **Valle d'Aosta**	ヴァッレ・ダオスタ
□ **Piemonte**	ピエモンテ
□ **Liguria**	リグーリア
□ **Emilia Romagna**	エミーリア＝ロマーニャ
□ **Toscana**	トスカーナ
□ **Umbria**	ウンブリア
□ **Marche**	マルケ
□ **Abruzzo**	アブルッツォ
□ **Molise**	モリーゼ
□ **Lazio**	ラツィオ
□ **Campania**	カンパーニア
□ **Puglia**	プッリア
□ **Basilicata**	バジリカータ
□ **Calabria**	カラーブリア
□ **Sicilia**	シチリア
□ **Sardegna**	サルデーニャ

SVIZZERA
AUSTRIA
UNGHERIA
TRENTINO-
ALTO
ADIGE
Trento
FRIULI-
VENEZIA
GIULIA
SLOVENIA
VALLED'AOSTA
Aosta
LOMBARDIA
Milano
Trieste
CROAZIA
VENETO
Venezia
Torino
PIEMONTE
Parma
EMILIA-
ROMAGNA
LIGURIA
Genova
Bologna
BOSNIA-
ERZEGOVINA
SAN MARINO
Pisa
Firenze
MONACO
MARCHE
TOSCANA
Ancona
FRANCIA
Perugia
Mare Ligure
Siena
UMBRIA
Mare Adriatico
L'Aquila
LAZIO
ABRUZZO
Roma
MOLISE
Campobasso
CITTÀ DEL
VATICANO
CAMPANIA
Bari
PUGLIA
Napoli
Potenza
BASILICATA
ITALIA
Golfo di
Taranto
SARDEGNA
Cagliari
CALABRIA
Mare Tirreno
Catanzaro
MARE MEDITERRANEO
Palermo
Mare Ionio
SICILIA
ALGERIA
TUNISIA
MALTA

副詞

a 093

☐ **abbastanza**《アッバスタンツァ》 十分に，かなり

Yumiko parla italiano abbastanza bene.

ユミコはかなり上手にイタリア語を話します。

☐ **accanto**《アッカント》 すぐそばに，隣に

Il professor Contini abita qui accanto.

コンティーニ先生はこの隣に住んでいます。

☐ **adesso**《アデッソ》 今，現在

Stefano è di Napoli, ma adesso abita a Roma.

ステーファノはナポリの出身ですが，今はローマに住んでいます。

☐ **almeno**《アルメーノ》 少なくとも，せめて

Per andare da qui a Roma in macchina ci vorranno almeno due ore.

ここからローマへ行くのに，少なくとも車で 2 時間はかかるでしょう。

☐ **altrettanto**《アルトゥレッタント》 同様に，同じだけ

Buon appetito! — Grazie, altrettanto.

たくさん召し上がれ！

— ありがとう。そちらも同じように。

☐ **anche**《アンケ》 〜も，〜も同様に

Andiamo al cinema. Vieni anche tu?

僕たちは映画に行くんだ。君も来るかい？

□ **ancora**《アンコーラ》

まだ，いまだに，（否定文中で）まだ～ない

Non riesco ancora a capire tutte le parole del professore.

私は先生の言うことがまだ全部はわかりません。

□ **appena**《アッペーナ》

ようやく，やっと

Luigi ha appena finito la lezione ed è ancora all'università.

ルイージは授業を終えたばかりで，まだ大学にいます。

b 094

□ **bene**《ベーネ》

よく，うまく，じょうずに

La mia mamma cucina bene.

私の母は料理がじょうずです。

c 095

□ **circa**《チルカ》

およそ，約，だいたい

Siamo andati al centro commerciale e abbiamo speso circa 300 euro.

私たちはショッピングセンターへ行って，300 ユーロほど使いました。

□ **come**《コーメ》

～のように，～くらいに，～などの

Il Foro era come una grande piazza.

フォロとは大きな広場のようなものでした。

☐ **così**
コズィ

そんなふうに，それほど
Non dire così.
そんなふうに言わないで。

d 096

☐ **davanti**
ダヴァンティ

前に，先に
Il ragazzo lì davanti è il figlio del sindaco.
あの前にいる男の子は市長の息子です。

☐ **diritto**
ディリット

まっすぐに，一直線に
Vada diritto fino all’angolo, poi giri a destra.
角までまっすぐに行って，それから右に曲がってください。

☐ **domani**
ドマーニ

明日
Io preferisco tornare subito a casa perché domani devo alzarmi presto.
明日早起きしないといけないので，私はすぐ家に帰るほうがいいです。

☐ **dopo**
ドーポ

あとで，次に
Adesso devo tornare in ufficio. Ci vediamo dopo.
これから会社へ戻らないといけない。のちほど会いましょう。

☐ **dritto**
ドゥリット

まっすぐに（= diritto）
Sa dirmi dov’è la banca di Roma?
— Vada dritto per questa strada.
ローマ銀行はどこか教えてもらえますか？
— この道をまっすぐ行ってください。

---

f 097

☐ **forse**《フォルセ》

たぶん，だいたい

Adesso c'è traffico in centro e forse non arriverò in tempo.

今中心部が渋滞していて，たぶん時間どおりには着けないでしょう。

☐ **fuori**《フオーリ》

外に，外部で

Stasera andiamo a mangiare fuori.

今晩僕たちは外食に出かけます。

g 098

☐ **già**《ジャ》

すでに，もう

Vorrei sapere se è già arrivato l'aereo da Milano.

ミラノからの飛行機がもう到着したかどうか知りたいのですが。

i 099

☐ **ieri**《イエーリ》

昨日

Ieri Roberta è uscita, ma sua sorella, Anna, è rimasta a casa.

昨日，ロベルタは出かけましたが，妹のアンナは家にいました。

☐ **indietro**《インディエートゥロ》

後ろへ，後に，（時間，能力などが）遅れて，劣って

Mentre aspettava l'autobus, camminava avanti e indietro.

バスを待っている間，彼は行ったり来たりして，歩

いていました。
Sono indietro con lo studio dell’italiano.
僕はイタリア語の勉強が遅れぎみです。

☐ **insieme**《インスィエーメ》

いっしょに
Non siamo andati tutti insieme al cinema. Franco prima doveva passare da casa.
私たちはみんないっしょに映画に行ったのではありません。フランコは先に家に寄らなければならなかったのです。

☐ **intorno**《イントールノ》

周囲に，辺りに
Intorno alla casa c’è un bel giardino.
家の周りにはきれいな庭があります。

☐ **invece**《インヴェーチェ》

それに反して，その代わりに
Io in vacanza sono andata in Sicilia, invece mia sorella è andata dai nonni a Rimini.
私はバカンスにシチリアへ行ったのですが，妹はリミニの祖父母のところへ行きました。

l

100

☐ **là**《ラー》

（話し手，聞き手から離れている場所）そこに，あそこに
Sono andato in centro e là ho incontrato Anna.
僕は中心街へ行きました。そこでアンナに会いました。

☐ **laggiù**《ラッジュ》

あの下の方に，向こうに
Guarda, laggiù c’è un campo da golf.

見て，あの先にゴルフ場があるよ。

□ **lì**《リー》

そこに，あそこに（離れているがlàよりもやや近いか狭い場所）

Lì c’è l’ufficio postale e accanto c’è la banca.

向こうに郵便局があり，隣には銀行があります。

m 101

□ **mai**《マイ》

一度も～したことがない，決して～しない，（疑問文の強調）今までに

Non mangerò mai il “natto”.

私は絶対に納豆を食べないでしょう。

Angela, sei mai stata a Kobe?

アンジェラ，君はこれまでに神戸へ行ったことがあるかい？

□ **male**《マーレ》

悪く，ひどく

Michela ha parlato male di Maria.

ミケーラはマリーアの悪口を言っていました。

Mi sento male da stamattina.

私は今朝から具合が悪いのです。

□ **meglio**《メッリョ》

よりよく，さらによく（beneの比較級）

Mi sento meglio dopo aver preso la medicina.

薬を飲んだあと，気分がよいです。

□ **meno**《メーノ》

～より少なく，もっと少なく（pocoの比較級）

L’estate è stata meno calda dell’anno scorso.

この夏は去年ほど暑くありませんでした。

C’è qualcosa che costa meno?

もっと安いものはありますか？

□ **molto**《モルト》

とても，非常に

Questa camicia ti sta molto bene.

このシャツはあなたにとてもよく似合っています。

n　102

□ **neanche**《ネアンケ》

〜もなく，〜さえもなく

Parli inglese? — No. — Neanch’io.

英語を話しますか？ — いいえ。

— 私もだめです。

o　103

□ **oggi**《オッジ》

今日，現在

Oggi devo incontrare un amico e pranzerò con lui in una trattoria.

今日，僕は友達に会わなくてはなりません。そして彼とトラットリアで昼食をとる予定です。

p　104

□ **piano**《ピアーノ》

ゆっくりと，慎重に，静かに

Bambini, fate piano!

みんな，ゆっくりやりなさい！

□ **più**《ピュ》

もっと多く，さらに多く（moltoの比較級）

Hai rotto una tazza? La prossima volta stai più attento.

カップを割ったのかい？　次はもっと気をつけなさ

いよ。

☐ **poco**《ポーコ》

ほとんど〜ない

La stazione è poco lontana: puoi arrivarci in circa cinque minuti a piedi.

駅はそんなに遠くありません。歩いて5分ぐらいで着けますよ。

☐ **presto**《プレスト》

すぐに，間もなく，急いで

Stamattina mi sono alzato abbastanza presto e ho preso il treno delle sei.

今朝，僕はかなり早起きをして，6時の列車に乗りました。

☐ **prima**《プリーマ》

その前に，以前は

Questo edificio prima non c’era.

この建物は以前にはありませんでした。

☐ **proprio**《プロープリオ》

まさしく，本当に

Questo vaso di vetro veneziano è proprio bello.

このヴェネツィアン・グラスの壺は本当にきれいです。

☐ **purtroppo**《プルトゥロッポ》

あいにく，残念ながら

Ho invitato anche sua moglie, ma purtroppo aveva il raffreddore.

彼の奥さんも招待したのですが，あいにく彼女は風邪を引いていました。

q

105

☐ **qui**《クィ》 / **qua**《クア》

ここに，この辺りに

Sa se c'è un buon ristorante qui vicino?
この辺においしいレストランがあるかご存知ですか？
Vieni qua e parliamo!
こっちに来て，いっしょに話そうよ！

S 106

☐ **sempre**《センプレ》 いつも，今でもやはり
L'autobus arriva sempre in ritardo.
バスはいつも到着が遅れます。

☐ **solo**《ソーロ》 ただ～だけ，やっと～したばかり
Ho potuto decidere il giorno della partenza per l'Italia solo all'ultimo momento.
ぎりぎりになってやっとイタリアへの出発日を決めることができました。

☐ **soltanto**《ソルタント》 ただ～だけ，～してはじめて
Non avevo fame e ho mangiato soltanto la pasta.
私はお腹がすいておらず，パスタ料理だけしか食べませんでした。

☐ **sopra**《ソープラ》 上に，上の方に
Quando la torta è pronta, metteteci sopra delle fragole.
ケーキができたら，その上にイチゴを載せてください。

☐ **soprattutto**《ソプラットゥット》 とりわけ，特に
Mi interessa la cultura italiana, soprattutto l'arte medievale.
私はイタリア文化に興味がありますが，特に中世美

術ですね。

☐ **spesso**《スペッソ》

しばしば，何度も

Quando eravamo a Roma, ci incontravamo spesso in Piazza di Spagna.

ローマにいた頃，僕たちはよくスペイン広場で会っていました。

☐ **subito**《スービト》

すぐに，あっというまに

Se esci subito, potrai prendere il treno delle dieci.

すぐに出かければ，10 時の電車に乗れるでしょう。

t ·· 107

☐ **tanto**《タント》

とても，非常に，大いに

Sono tanto stanco: questa settimana ho sempre lavorato fino a tardi.

僕はひどく疲れています。今週はずっと遅くまで働いたのです。

☐ **tardi**《タルディ》

遅く，遅れて

Mio fratello è andato a Milano per affari ed è tornato a casa molto tardi.

兄は仕事でミラノへ行き，とても遅くに家に帰ってきました。

☐ **troppo**《トゥロッポ》

～すぎる，あまりにも～

Il museo è troppo lontano per andare a piedi: prendiamo l’autobus.

その美術館は歩いて行くには遠すぎます。バスで行きましょう。

108

☐ **vicino**《ヴィチーノ》　近くに

Scusi, c'è una farmacia qui vicino?

すみません，この辺に薬局はありますか？

☐ **volentieri**《ヴォレンティエーリ》　こころよく，よろこんで

Alla festa vengo volentieri anch'io.

パーティーには私もよろこんでうかがいます。

接尾辞 -mente による副詞

形容詞の語尾に -mente をつけることで副詞が作られます。このとき，-mente とつながる形容詞の語尾に注意が必要です。

1) 形容詞（男性単数）の語尾が -e のとき，そのままの形でつながります。例）veloce（速い）→ velocemente
2) 形容詞（男性単数）の語尾が -o のとき，女性形になってつながります。例）diretto（直接の）→ direttamente
3) 形容詞（男性単数）の語尾が「母音＋ re, le」のとき，語尾母音が落ちた形容詞の語幹につながります。例）regolare（規則的な）→ regolarmente

109

☐ **assolutamente**《アッソルタメンテ》　絶対的に，どうしても

Devo assolutamente finire questi compiti per domani.

私はこの課題を明日までにどうしても終えなくてはなりません。

□ **direttamente**《ディレッタメンテ》 まっすぐに，直接に

Dopo la lezione Marco è tornato direttamente a casa.

授業の後，マルコはまっすぐ家に帰りました。

□ **fortunatamente**《フォルトゥナタメンテ》 幸運にも，運よく

Non trovavo il portafoglio ma fortunatamente mia figlia l’ha trovato in cucina.

財布が見当たらなかったのですが，運よく娘がキッチンで見つけてくれました。

□ **lentamente**《レンタメンテ》 ゆっくり，遅く

Il professore ha ripetuto la spiegazione e questa volta ha parlato lentamente.

先生は説明を繰り返すと，今度はゆっくりと話してくれました。

□ **naturalmente**《ナトゥラルメンテ》 もちろん，当然，自然に

Questo fine settimana ho visitato Pisa e naturalmente sono salita sulla Torre Pendente.

この週末，私はピサを訪れ，当然，斜塔に上りました。

□ **regolarmente**《レゴラルメンテ》 規則的に，定期的に，通常は，ふつう

Mi faccio spedire regolarmente qualche rivista italiana.

僕はイタリアの雑誌を定期的に送ってもらっています。

□ **velocemente**《ヴェロチェメンテ》 すばやく

Oggi tira vento e le nuvole si muovono velocemente.

今日は風が強くて，雲の動きが速いです。

□ **veramente**《ヴェラメンテ》 本当に，実際のところ
Questa foto è venuta veramente bene.
この写真は本当によく撮れました。

時の表現 110

□ **secolo**《セーコロ》	世紀
□ **anno**《アンノ》	年
□ **mese**《メーゼ》	男 月
□ **settimana**《セッティマーナ》	週
□ **giorno**《ジョールノ》	日
□ **ora**《オーラ》	時
□ **minuto**《ミヌート》	分
□ **secondo**《セコンド》	秒
□ **mattina**《マッティーナ》	朝，午前
□ **mezzogiorno**《メッゾジョールノ》	正午
□ **pomeriggio**《ポメリッジョ》	午後
□ **sera**《セーラ》	夕方，夜
□ **notte**《ノッテ》	女 夜
□ **mezzanotte**《メッザノッテ》	夜中，午前零時
□ **presente**《プレゼンテ》	男 現在
□ **passato**《パッサート》	過去
□ **futuro**《フトゥーロ》	未来

前置詞

前置詞はそれぞれ，いくつもの意味や用法を持っています。まずは基本的な前置詞を覚えておきましょう。さらに，a, in, da, di, su の 5 つは，直後に定冠詞がきた場合，結合をする特殊な規則を持っています。

111

☐ **a**《ア》

場所，位置「～に，～で」／方向，到達地点「～へ，～まで」／時間の特定「～に」

Mio marito adesso è a Firenze.

私の夫は今フィレンツェにいます。

☐ **in**《イン》

方向「～へ」／場所での状態，範囲「～の中に，～において」／時間の範囲「～に，～以内に」など

Abito in campagna.

私は田舎に住んでいます。

☐ **da**《ダ》

出発点「～から，～を」／空間・時間の移行「～から（～まで）」／場所，方向「～のもとで，～のもとへ」／時間の経過「～の間，～以来」など

Sono in Italia da settembre a dicembre.

私は 9 月から 12 月までイタリアにいます。

Simone vive a Milano da due anni.

シモーネは 2 年間ミラノに暮らしています。

☐ **di**《ディ》

所有，所属「～の」／部分「～うちの」／出身，起源「～からの」／時の限定「～に」など

Quella signora è la madre di Stefano.

あの女性はステーファノのお母さんです。

Sono di Roma.

私はローマ出身です。

☐ **su**《ス》

場所での状態「～の上に，～の上で」／場所への動き「～の上へ」／話題「～について」など

La borsa di Rosa è sul tavolo.

ローザの鞄はテーブルの上にあります。

☐ **con**《コン》

同伴「～といっしょに」／所有，付属「～を持って，～付きの」／手段「～で」など

Vado in Italia con mia madre.

私は母といっしょにイタリアへ行きます。

Vorrei una camera con bagno.

バス付きの部屋をほしいのですが。

☐ **fra**《フラ》（または**tra**《トラ》）

2者，2つの物の関係「～の間で」／多数の人や物の関係「～のなかで」／時間の経過「～今から後に」

La casa di Anna è fra la scuola e la stazione.

アンナの家は学校と駅の間にあります。

▶ fra と tra に意味の違いはありませんが，tra tre giorni のように，同種の音の重複される場合に，fra tre giorni として同音の繰り返しを避けるようにします。

☐ **per**《ペル》

通過，方向「～を通って，～の方へ」／理由「～のために」／時間の継続「～の間」など／目的「～のために」

Domani parto per Roma.

明日私はローマへ向けて出発します。

□ **secondo**《セコンド》

～によれば，～の意見では

Secondo me è meglio una maglietta in tinta unita.

私としては，無地のＴシャツの方がいいと思います。

□ **senza**《センツァ》

欠如「～なしで」

Vorrei una camera senza bagno.

バスなしの部屋をほしいのですが。

□ **sotto**《ソット》

位置，場所「～の下に」

C’è un gatto sotto la sedia.

椅子の下に猫がいます。

前置詞と定冠詞の結合形

前置詞／定冠詞	il	l’	o	i	gli	la	le
a《ア》 ～へ	al《アル》	all’《アッ》	allo《アッロ》	ai《アイ》	agli《アッリ》	alla《アッラ》	alle《アッレ》
di《ディ》 ～の	del《デル》	dell’《デッ》	dello《デッロ》	dei《デイ》	degli《デッリ》	della《デッラ》	delle《デッレ》
da《ダ》 ～から	dal《ダル》	dall’《ダッ》	dallo《ダッロ》	dai《ダイ》	dagli《ダッリ》	dalla《ダッラ》	dalle《ダッレ》
in《イン》 ～のなかに	nel《ネル》	nell’《ネッ》	nello《ネッロ》	nei《ネイ》	negli《ネッリ》	nella《ネッラ》	nelle《ネッレ》
su《ス》 ～の上に	sul《スル》	sull’《スッ》	sullo《スッロ》	sui《スイ》	sugli《スッリ》	sulla《スッラ》	sulle《スッレ》

112

Stasera Sandro va al ristorante.
今晩，サンドロはレストランへ行きます。

Il mio cellulare è nella borsa.
私の携帯電話は鞄に入っています。

Mari viene dal Giappone.
マリは日本から来ています（日本出身です）。

接続詞

a 113

☐ **anche**《アンケ》

~も，~もまた

Come tutte le mattine, anche oggi Stefano è uscito di casa alle sei e mezza.

いつもの朝のように，今日もステーファノは6時半に家を出ました。

☐ **anzi**《アンツィ》

それどこか，むしろ

Quel film non era noioso, anzi è stato molto divertente.

その映画は退屈ではありませんでした。むしろ，とてもおもしろかったです。

c 114

☐ **che**《ケ》

~ということ（名詞節を導く）

Marco dice che sua figlia vuole studiare in Giappone.

マルコは彼の娘が日本で勉強したいのだと言っています。

☐ **così**《コズィ》

そのようなわけで，だから

Non sto molto bene, così oggi resto a casa.

私はあまり具合がよくありません。だから，今日は家にいます。

---

d ······ 115

☐ **dunque**《ドゥンクエ》

だから，したがって

Ci siamo tutti. Dunque possiamo andare.

みんないます。では，行けますね。

e ······ 116

☐ **e**《エ》

〜と，そして

In Italia abitavo a Firenze e frequentavo un corso di cucina.

イタリアでは私はフィレンツェに住んで，料理教室に通っていました。

m ······ 117

☐ **ma**《マ》

しかし，だが

È un film triste, ma bellissimo.

悲しいけれど，たいへんすらばらしい映画です。

☐ **mentre**《メントレ》

〜する間，〜するうちに

Mentre tornavo a casa, ho incontrato Lucia.

家に帰る途中で，僕はルチーアに会いました。

n ······ 118

☐ **neanche**《ネアンケ》

〜もなく，〜さえもなく

Luca non vuole più frequentare l’università e non vuole neanche lavorare.

ルーカはもう大学へ通いたがらないし，仕事もしたがりません。

---

p 119

perché《ペルケ》

なぜなら，～なので

Non sono uscita ieri sera, perché avevo mal di testa.

頭が痛かったので，昨日の夜は出かけませんでした。

---

perciò《ペルチョ》

それゆえ，だから

Il signor Ravazzo lavora anche la sera, perciò torna a casa molto tardi.

ラヴァッツォさんは夜も働きます。だから家に戻るのはとても遅いです。

---

però《ペロ》

しかし，けれども

I film dell’orrore non mi piacciono, però li guardo lo stesso.

ホラー映画は好きではありませんが，とにかく見てみます。

q 120

quando《クアンド》

～のときに

Quando ho finito l’università, ho cominciato a lavorare.

大学を終えたときに，私は働き始めました。

---

quindi《クインディ》

だから，したがって

In aeroporto Angela non ha trovato la sua valigia, quindi è andata all’ufficio.

空港でアンジェラは自分のスーツケースが見つからなかったので，事務所へ行きました。

☐ **se**《セ》

もし～ならば

Se vuoi, ti accompagno io con la macchina.

もしよければ，僕がきみを車で送ってあげるよ。

熟語

a ・・・・・・・・・・・・・・・・・・・・・・・・・・・・・ 122

☐ **a causa di ...**　～が原因で，～のせいで

Tutti i mezzi di trasporto sono fermi a causa del tifone.

台風のために，すべての交通機関が停止しています。

☐ **a parte**　別にして，除いて

Costa 200 euro a parte le tasse.

税金は別にして，200ユーロです。

☐ **a proposito di ...**　～について，～に関して

Il professore mi ha dato dei buoni consigli a proposito della tesi.

先生は私に論文についてよいアドバイスをくれました。

☐ **a turno**　交替で，順番に

Mia sorella ed io cuciniamo a turno.

姉と私は交替で料理をします。

☐ **a volte**　時々

A volte vado a lavorare in bicicletta.

時々，私は自転車で仕事に行きます。

☐ **ad esempio**　例えば（= per esempio）

A Venezia ho visto molte cose interessanti, ad esempio S. Marco, il Palazzo Ducale, ecc.

ヴェネツィアではたくさんの興味深いものを見ました。例えば，サンマルコ広場，ドゥカーレ宮殿などです。

□ **al massimo** 最大限，せいぜい

A questo seminario verranno al massimo cinquanta persone.

このセミナーに来るのは，多くて 50 人でしょう。

□ **al posto di ...** ～の代わりに，～の立場に

Il direttore ha messo Roberto al posto di Michele.

部長はミケーレの職に，ロベルトを置きました。

□ **al sacco** 弁当で，ピクニックで／（pranzo al sacco）弁当

Ti propongo qualche ricetta per fare un pranzo al sacco.

あなたにお弁当を作るためのレシピをいくつかおすすめします。

□ **all’inizio** 最初は，当初（= agli inizi）

All’inizio era pieno di entusiasmo per l’italiano.

当初，彼はイタリア語に対する熱意に満ちていました。

□ **all’ultima moda** 最新流行の

L’abito di Anna è all’ultima moda.

アンナの洋服は最新の流行です。

□ **alzare il gomito** 酔っぱらう，泥酔する

Ieri sera Marco ha alzato il gomito.

昨夜，マルコは酔っぱらってしまいました。

□ **amici per la pelle**　無二の親友である

Roberto ed io siamo amici per la pelle.

ロベルトと僕は無二の親友です。

□ **andare a piedi**　歩いて行く

Fino al museo si può andare a piedi?

その美術館までは歩いて行けますか？

□ **andare all’estero**　外国に行く

Quest’estate ho intenzione di andare all’estero.

今年の夏には，僕は外国へ行くつもりです。

□ **andare di moda**　はやっている

In Italia va di moda la cucina giapponese.

イタリアでは日本料理がはやっています。

□ **andare in campeggio**　キャンプに行く

Quest’estate andremo in campeggio con i nostri figli.

今年の夏，私たちは子どもたちを連れてキャンプに行くつもりです。

□ **andare in vacanza**　休む，休暇を取る

Da sabato vado in vacanza per dieci giorni.

土曜日から私は 10 日間の休暇を取ります。

□ **andare matto per ...**　～に熱中する，～に夢中になる

Antonella va matta per la musica rock.

アントネッラはロックに夢中です。

▶ この言い方は 1970 年代によく使われた古い表現です。

☐ **andata e ritorno**　往復

Vorrei un biglietto di andata e ritorno per Roma.

ローマまで往復の切符をほしいのですが。

☐ **avere bisogno di ...**　〜の必要がある

Ho bisogno della batteria per la macchina fotografica digitale.

僕はデジタルカメラのための電池が必要です。

☐ **avere da ...**　〜するべきことがある

Francesca aveva ancora da fare: arriverà più tardi.

フランチェスカは，まだ仕事がありました。だから，もっとあとで到着するでしょう。

☐ **avere intenzione di ...**　〜するつもりである

Il professore ha intenzione di darci i compiti per le vacanze.

休みの間に，先生は私たちに宿題を出すつもりです。

☐ **avere l'abitudine di ...**　〜する習慣がある

Mio padre ha l'abitudine di alzarsi presto.

私の父は早起きが習慣です。

☐ **avere la testa per aria**　ぼんやりしている

Luigi è molto distratto: ha sempre la testa per aria.

ルイージはとても不注意です。いつもぼんやりしているのです。

☐ **avere mal di ...**　〜が痛い

Ho preso il raffreddore e ho mal di gola.

僕は風邪を引いて，のどが痛いのです。

☐ **avere paura di ...** 〜を恐れる，〜を心配する

Lorenzo non ha studiato molto, perciò ha paura degli esami.

ロレンツォはあまり勉強をしなかったので，試験を心配しています。

☐ **avere ragione** 正しい

Marco crede di avere ragione.

マルコは自分が正しいと信じています。

☐ **avere voglia di ...** 〜がしたい（＝volere ...）

Ho voglia di andare in vacanza.

私は休みを取りたいです。

c 123

☐ **Che ne dici di ...?** 〜についてどう思う？

Che ne dici di fare una gita in macchina?

ドライブするのはどうかな？

☐ **chiacchierare del più e del meno** よもやま話をする

Ho incontrato Lucia al parco e abbiamo chiacchierato del più e del meno.

公園でルチーアに会い，私たちはよもやま話をしました。

d 124

☐ **dare del tu** （親しみの表現）tuで呼ぶ（名前で呼ぶ）

Diamoci del tu!

お互いに名前で呼び合おうよ！

☐ **dare un consiglio a ...**　～に助言を与える，～にアドバイスをする

Durante il pranzo Bruno ha dato un consiglio ai suoi colleghi.

昼食の間に，ブルーノは同僚たちに助言を与えました。

☐ **dare un esame**　試験を受ける

Domani devo dare un esame di italiano.

明日，私はイタリア語の試験を受けなくてはいけません。

☐ **dare una mano a ...**　～に手を貸す，～を手伝う

Ho dato una mano alla signora che aveva una valigia pesante.

私は重いスーツケースを持った女性に手を貸してあげました。

☐ **dare un'occhiata a ...**　～に一瞥を与える，～をざっと見る

Tutte le mattine mio padre dà un'occhiata al giornale.

毎朝父は新聞にざっと目を通します。

☐ **dare su ...**　～に面している

Preferisco la camera che dà sul cortile.

私は中庭に面している部屋のほうがいいです。

☐ **darsi malato**　仮病をつかう

Rosa si è data malata e non è venuta in ufficio per due giorni.

ローザは仮病をつかって，2日間会社に来ませんで

した。

☐ **da solo (a, i, e)**　一人で，自分で，独力で

Mia zia vive da sola.

私の叔母は一人暮らしをしています。

☐ **di buon (cattivo) umore**　機嫌よく（悪く）

Ti vedo di buon umore.

君は機嫌よく見えるよ。

☐ **di fronte a ...**　～の正面に，～の向かいに

Il Comune è di fronte alla posta.

市役所はその郵便局の向かいにあります。

☐ **di nuovo**　もう一度，再び

È un bel film. Penso di vederlo di nuovo.

それはいい映画です。僕はもう一度見ようと思います。

☐ **di seconda mano**　中古の

Fabio comprerà una macchina di seconda mano.

ファビオは中古の車を買うつもりです。

☐ **di solito**　いつもは，普段は

Di solito metto solo un cucchiaino di zucchero nel caffè.

普段，私はコーヒーに砂糖をスプーン１杯しか入れません。

熟語

e 125

☐ **essere al verde**　一文なしである

Vorrei tanto fare un viaggio, ma sono al verde.
旅行に行きたいのはやまやまだけど，僕にはお金がないんだよ。
▶古い言い方で，現在はあまり使われません。

□ **essere bravo in ...**　～が得意である
Sandro è bravo in matematica.
サンドロは数学が得意です。

□ **essere contento di ...**　～に満足している，～してうれしい
Mia madre è contenta dei miei risultati scolastici.
母は私の学校の成績をよろこんでいます。

□ **essere d’accordo con ...**　～と同意見である
Giulio ha criticato la decisione del direttore, ma io non sono d’accordo con lui.
ジュリオは部長の決断を批判しましたが，私は彼に賛成ではありません。

□ **essere in**＋数字　～人である
Vorrei prenotare un tavolo per stasera. Siamo in quattro.
今晩テーブル１つを予約したいのですが。４人でうかがいます。

□ **essere in aumento**　上昇している，増加している
I giovani che non si sposano sono in aumento.
結婚しない若者が増えています。

□ **essere in forma**　体調がよい
I giocatori sono tutti in forma.

選手たちはみんな体調が整っています。

☐ **essere in gamba**　有能である

Gli impiegati in questo ufficio sono in gamba.

このオフィスにいる社員たちは有能です。

☐ **essere in ritardo**　遅れている

L'aereo è in ritardo e arriverà verso le otto e mezza.

飛行機は遅れていて，8 時半頃に到着する予定です。

☐ **essere pronto a ...**　いつでも～できる，～するところだ

Siete pronti a partire?

あなたたちは出発の準備ができていますか？

f　126

☐ **fare alla romana**　割り勘にする

Questa volta offro io, facciamo alla romana la prossima volta.

今回は僕がおごるけど，次回は割り勘にしよう。

☐ **fare amicizia con ...**　～と友情を結ぶ，～と親しくする

Ho fatto amicizia con alcuni ragazzi italiani.

僕はイタリアの男の子たちと友達になりました。

☐ **fare attenzione a ...**　～に注意する

Marco, devi fare attenzione a chiudere sempre la porta a chiave.

マルコ，いつもドアに鍵をかけるように気をつけないといけないよ。

☐ **fare il bagno**　入浴する，海水浴をする

Ogni sera faccio il bagno e mi rilasso.

毎晩，私は風呂に入って，リラックスします。

☐ **fare il biglietto**　切符を買う

Per fare il biglietto devi andare alla biglietteria entro le sei.

切符を買うには，6時までに切符売り場に行かないといけないよ。

☐ **fare la spesa**　（日常的な）買い物をする

Ogni mattina mia madre va a fare la spesa al mercato.

毎朝私の母は，買い出しをしに市場へ行きます。

参考　**fare spese**　ショッピングする

☐ **fare le ore piccole**　夜ふかしをする

Durante le vacanze facevamo sempre le ore piccole.

休みの間，私たちはいつも夜ふかしをしていました。

☐ **fare tardi**　〜に遅れる

Mio fratello ha fatto tardi e non ha preso il treno.

兄は遅れましたが，列車に乗り遅れませんでした。

☐ **fare un giro**　散策をする，ぶらぶらする

Appena sono arrivato a Napoli, ho fatto un giro in città.

ナポリに着いてすぐに，私は町中を散策しました。

☐ **fare una passeggiata**　散歩する（= fare passeggiate, fare

due (quattro) passi)
Perché non facciamo una passeggiata dopo pranzo?
昼食のあと，散歩をしませんか？

□ **farsi male a ...**　痛い目に合う，けがをする
Mi sono fatto male al ginocchio.
僕は膝にけがをしました。

□ **fissare un appuntamento**　（面会など）約束を取りつける
Sono riuscita a fissare un appuntamento con il direttore della banca.
私は銀行の上役と面会の約束を取りつけることができました。

g　127

□ **grazie a ...**　～のおかげで
Ho potuto passare momenti bellissimi in Giappone grazie a te.
君のおかげで日本ではたいへん楽しい時間を過ごすことができました。

i　128

□ **in anticipo**　前もって，あらかじめ
Per vedere lo spettacolo dobbiamo prenotare in anticipo.
そのショーを見るには，前もって予約をしておかねばなりません。

☐ **in attesa di ...**　～を待って

Non so ancora quando potrò partire, sono in attesa di conferma dalla compagnia aerea.

私はまだいつ出発できるのかわかりません。航空会社の確認を待っているのです。

☐ **in confronto a ...**　～と比べて

In confronto all'inglese l'italiano è tanto difficile.

英語に比べて，イタリア語はすごく難しいです。

☐ **in diretta**　(放送において)生中継で

Stasera trasmettono il dibattito in diretta.

今晩その討論会は生中継されます。

☐ **in fretta**　急いで，あわてて

Andrea si è vestito in fretta ed è corso alla fermata dell'autobus.

アンドレアは急いで服を着て，バス停へ走りました。

☐ **in occasione di ...**　～の際に，～の機会に

In occasione di questo viaggio comincerò a studiare italiano.

この旅行を機会に，イタリア語の勉強を始めるつもりです。

☐ **in piedi**　立って

L'autobus era pieno e abbiamo dovuto stare in piedi.

バスはいっぱいで，私たちは立っていなければなりませんでした。

☐ **in seguito**　その後，のちほど

La mattina farà bel tempo, in seguito il cielo sarà nuvoloso.

午前中はよい天気で，その後曇り空になるでしょう。

☐ **in seguito a ...**　～の結果として

Pompei è stata sepolta dalle ceneri in seguito a una grande eruzione del Vesuvio.

ポンペイはヴェズヴィオ火山の大噴火により，灰に埋もれてしまいました。

☐ **in tempo**　間に合って

Per fortuna ho fatto in tempo.

幸運にも，私は間に合いました。

☐ **in tutto**　ぜんぶで

Quanto viene in tutto?

ぜんぶでいくらになりますか？

m

129

☐ **mettere da parte**　取っておく，蓄えておく

Mia madre mi ha detto di mettere da parte dei soldi.

母は私にお金をためておくように言いました。

☐ **mettere in ordine**　片づける

Ho messo in ordine i libri sullo scaffale.

私は本を棚に片づけました。

☐ **mettere in pratica**　実行に移す

Martina ha messo in pratica il programma di studiare all’estero.
マルティーナは外国で勉強する計画を実行に移しました。

☐ **mettere in vendita**　売りに出す

Hanno messo in vendita un nuovo modello.
新しいモデルが売りに出されました。

n ······································ 130

☐ **non solo ~ ma anche ...**　～だけでなく…も

Non solo tirava un forte vento, ma ha anche iniziato a piovcrc.
風が強いだけでなく，雨が降り始めたのです。

o ······································ 131

☐ **ogni tanto**　時々

Ogni tanto vado in biblioteca a studiare.
私は時々図書館へ勉強しに行きます。

☐ **oltre a ...**　～以外に，～の上に

Bianca sa parlare francese e tedesco oltre all’inglese.
ビアンカは英語のほかにも，フランス語とドイツ語が話せます。

p ······································ 132

☐ **parlare arabo**　わけのわからぬことを言う

Non capisco niente di quello che dice: per me

parla arabo.
彼の言うことがまったくわかりません。私にはわけがわからないのです。

□ **più o meno** 多かれ少なかれ，だいたい
Questo è più o meno quello che posso fare.
これがせいぜい僕にできるところです。

□ **portare via** テイクアウトする
Mi dia questi due panini da portare via.
テイクアウトでこれら 2 つのパニーノをください。

□ **prendere in affitto** 借りる，賃借りする
Marco e Laura hanno preso in affitto un appartamento in centro.
マルコとラウラは町の中心にアパートを借りました。

□ **prendere in giro** からかう
Fabio prende sempre in giro suo fratello.
ファビオはいつも弟をからかいます。

□ **prendere interesse a ...** ～に関心をいだく
Mio figlio ha preso interesse alla cultura italiana.
私の息子はイタリアの文化に関心を持つようになりました。

□ **prima di tutto** 何よりもまず
Prima di tutto devo parlarti di un problema.
何よりもまず，私は君にある問題について話さなければならない。

□ **prima o poi** 遅かれ早かれ

Stefano prima o poi ci dirà la verità.

ステーファノは遅かれ早かれ，私たちに本当のことを言うでしょう。

q 133

□ **qualche volta** 時々

Di solito prendo il treno per andare in ufficio, ma qualche volta prendo l'autobus.

普段，私は出勤するのに電車に乗りますが，時々バスに乗ります。

□ **quanto più ~ , tanto più ...** ～するほど…になる

Quanto più si studia, tanto più ci si accorge della propria ignoranza.

勉強すればするほど，自分の無知に気づくものです。

r 134

□ **rispetto a ...** ～と比べて

Rispetto all'anno scorso, il suo italiano è migliorato molto.

去年と比べて，彼のイタリア語はとてもうまくなりました。

s 135

□ **sia ~ che ...** ～も…も

Si può arrivare a Venezia sia con il treno che con la nave.

ヴェネツィアへは列車でも船でも行くことができます。

☐ **stare per ...** 〜するところだ，まさに〜しようとしている

Stavo per uscire quando è suonato il telefono.

電話が鳴ったとき，私はまさに出かけようとしていました。

☐ **sul serio** まじめに，本気で

Marco parlava per scherzo, ma Laura l'ha preso sul serio.

マルコは冗談で話していましたが，ラウラはそれを本気で取りました。

t 136

☐ **tanto ~ che ...** 〜なほど…である

Ero tanto stanco che sono andato subito a dormire.

僕はあまりに疲れていたので，すぐに寝に行きました。

☐ **tanto ~ da ...** …するのに十分〜である

Giorgio ha tanti soldi da poter comprare una nuova macchina.

ジョルジョは新車を買うのに十分なお金を持っています。

☐ **tenere duro** 抵抗する

Mio fratello ha tenuto duro e non ha cambiato idea.

兄は頑なになって，考えを変えませんでした。

---

u　137

☐ **un sacco di ...**　たくさんの～

Ho ancora un sacco di lavoro da fare.

僕はまだやるべき仕事がたくさんたまっています。

v　138

☐ **venire in mente**　思い浮かぶ，思いつく

Mi è venuta in mente una cosa importante.

私には大事なことが思い浮かびました。

☐ **volere dire**　意味する

“Vietato” vuol dire “non si può”.

「禁止」とは「することができない」ことを意味します。

その他

人称代名詞

イタリア語の人称代名詞は，主語，直接目的語（主に「～を」と訳されるもの），間接目的語（主に「～に」と訳されるもの）の３つに分けられます。さらに，直接と間接目的語代名詞は，強勢と非強勢の２つの形を持ち，強調の度合いによって使い分けられます。また，直接と間接目的語代名詞が同時に使われるときには，［間接＋直接］の語順となり，音便変化や結合する形が生まれます。それらの規則を，表にして紹介します。

人の場合：

代名詞	主語	直接目的語（非強勢）	強勢	間接目的語（非強勢）	強勢
私	io《イオ》	mi《ミ》	me《メ》	mi《ミ》	a《ア》 me《メ》
きみ（親称）	tu《トゥ》	ti《ティ》	te《テ》	ti《ティ》	a《ア》 te《テ》
あなた（敬称）	Lei《レイ》	La《ラ》	Lei《レイ》	Le《レ》	a《ア》 Lei《レイ》
彼	lui《ルイ》	lo《ロ》	lui《ルイ》	gli《リ》	a《ア》 lui《ルイ》
彼女	lei《レイ》	la《ラ》	lei《レイ》	le《レ》	a《ア》 lei《レイ》
私たち	noi《ノイ》	ci《チ》	noi《ノイ》	ci《チ》	a《ア》 noi《ノイ》
きみたち	voi《ヴォイ》	vi《ヴィ》	voi《ヴォイ》	vi《ヴィ》	a《ア》 voi《ヴォイ》

彼ら loro《ローロ》	li《リ》	loro《ローロ》	gli《リ》	a loro《ア ローロ》
彼女ら loro《ローロ》	le《レ》	loro《ローロ》	gli《リ》	a loro《ア ローロ》

物の場合：

直接目的語として

それを　（男性名詞）lo　（女性名詞）la

それらを　（男性名詞）li　（女性名詞）le

直接・間接目的語代名詞が同時に使われる場合：

間接（主な訳）／直接（主な訳）：lo 彼を・それを，la 彼女を・それを，li 彼らを・それらを，le 彼女らを・それらを

mi 私に	me lo《メ ロ》	me la《メ ラ》	me li《メ リ》	me le《メ レ》
ti 君に	te lo《テ ロ》	te la《テ ラ》	te li《テ リ》	te le《テ レ》
gli 彼に，彼らに	glielo《リエロ》	gliela《リエラ》	glieli《リエリ》	gliele《リエレ》
le/Le 彼女に／あなたに	glielo《リエロ》	gliela《リエラ》	glieli《リエリ》	gliele《リエレ》
ci 私たちに	ce lo《チェ ロ》	ce la《チェ ラ》	ce li《チェ リ》	ce le《チェ レ》
vi あなたたちに	ve lo《ヴェ ロ》	ve la《ヴェ ラ》	ve li《ヴェ リ》	ve le《ヴェ レ》

◇ le + lo (la,li,le,ne) の形に注意

le が gli に形を変え，glielo, gliela ... となることに注意してください。gli（彼に，彼らに）と同じ形になり，混同しやすくなりますので，文脈から判断する必要があります。

不定形容詞と不定代名詞 139

「いくつかの」「ある～」「たくさんの」など，漠然とした数量や性質を示す形容詞を「不定形容詞」といいます。また「いくつかのもの」「たくさんのもの」といった代名詞としての働きを持つものを「不定代名詞」といいます。

☐ **alcuno**《アルクーノ》

いくつかの，何人かの（次に来る名詞の性と数に一致します）

Ho alcuni amici in Giappone.

私には日本に何人かの友人がいます。

☐ **altro**《アルトロ》

ほかの，別の

Prendo un altro caffè.

僕はもう一杯コーヒーを飲みます。

Ci siamo incontrati l’altra settimana.

私たちは先週会いました。

☐ **molto**《モルト》

たくさんの

Mio nonno abita a Roma da molti anni.

私の祖父は長年ローマに住んでいます。

☐ **nessuno**《ネッスーノ》

何も～ない

Anna non ha nessuna voglia di incontrare Marco.

アンナはマルコにちっとも会いたいと思いません。

□ **ogni**《オンニ》

どの～も，それぞれの～，毎～

Vado a scuola in bicicletta ogni giorno.

私は毎日自転車で学校へ行きます。

Devo prendere la medicina ogni cinque ore.

私は5時間ごとに薬を飲まねばなりません。

▶ogni の後ろに名詞の複数形が来ると，「～ごとに」を意味します。

□ **qualche**《クアルケ》

いくつかの，何人かの（常に単数形をとります）

Hai qualche rivista?

雑誌を何冊か持っていますか？

□ **qualcosa**《クアルコーザ》

何か

Vorrei qualcosa da mangiare.

何か食べる物がほしいのですが。

□ **qualcuno**《クアルクーノ》

誰か

C’è qualcuno in casa?

誰か家にいますか？

□ **tanto**《タント》

たくさんの

Il professore ha tanti libri nello studio.

先生は研究室にたくさんの本を持っています。

□ **troppo**《トロッポ》

あまりにも～，～すぎる

C’è troppa gente qui.

ここには人が多すぎます。

□ **tutto**《トゥット》

すべての

Tutte le mattine mia madre prepara la colazione.

毎朝，母は朝食を作ってくれます。

INDICE

B

C

D

F

G

I

L

M

INDICE

P

S

T

U

V

■ 著者紹介

一ノ瀬俊和（いちのせ　としかず）

東京外国語大学にてイタリア語学専攻。1977 年より同大大学院，外国語学研究科にてロマンス系言語およびイタリア史専攻。1978 年より 80 年まで，イタリア政府給費留学生としてフィレンツェ大学に留学。1983 年東京外国語大学大学院修士課程修了。元・国立音楽大学教授。

主な著書

『イタリア語検定２級突破』（三修社＜監修＞）
『イタリア語検定３級突破』（三修社＜共著＞）
『イタリア語検定４・５級突破』（三修社＜共著＞）
『イタリア語検定３級突破単語集』（三修社＜監修＞）
『しっかり学ぶイタリア語』（ベレ出版）

京藤好男（きょうとう　よしお）

東京外国語大学イタリア語学科卒業。1995 年に文部省国際交流制度派遣留学生として，ヴェネツィア大学に留学。東京外国語大学大学院博士前期課程修了。イタリア文学専攻。現在，慶應義塾大学，法政大学，中央大学，武蔵大学，武蔵野音楽大学などで講師を務める。

主な著書

『イタリア語検定３級突破単語集』（三修社＜共著＞）
『中級へのイタリア語文法』（三修社＜共著＞）
『場面で学ぶイタリア語発音マスター』（三修社＜共著＞）
『イタリア語動詞活用ドリル』（三修社）
『イタリア語を読む』（三修社＜共著＞）
『イタリア語ボキャビル・トレーニング』（三修社）

アルダ・ナンニーニ（Alda NANNINI）

イタリア，フィレンツェ出身。フィレンツェ大学にてインド・ヨーロッパ比較言語学専攻。1984 年フィレンツェ大学（旧制度：大学院相当）卒業。1988 年来日。現在，国立音楽大学教授（イタリア語およびラテン語担当）。専門は言語学と言語教育。

主な著書

『イタリア語検定３級突破単語集』（三修社＜共著＞）
『辞書なしで学べる入門イタリア語の最初歩』（三修社＜共著＞）
『気持ちを伝えるイタリア語』（三修社＜共著＞）
『サッカーファンのためのイタリア語』（白水社＜共著＞）

●音声ダウンロード・ストリーミング

1. PC・スマートフォンで本書の音声ページにアクセスします.

https://www.sanshusha.co.jp/np/onsei/isbn/9784384060706/

2. シリアルコード「06070」を入力.

3. 音声ダウンロード・ストリーミングをご利用いただけます.

イタリア語《ご》検《けん》定《てい》4・5級《きゅう》突《とっ》破《ぱ》単《たん》語《ご》集《しゅう》［改《かい》訂《てい》版《ばん》］

2023年10月30日　第1刷発行

監修者　一ノ瀬俊和
著　者　京藤好男　アルダ・ナンニーニ
発行者　前田俊秀
発行所　株式会社　三修社
〒150-0001　東京都渋谷区神宮前2-2-22
TEL　03-3405-4511
FAX　03-3405-4522
振替 00190-9-72758
https://www.sanshusha.co.jp
編集担当　菊池 暁

印刷製本　倉敷印刷株式会社

D T P　トライアングル
装　丁　銀月堂

ISBN978-4-384-06070-6 C1087